点亮
亲子教育

培养有国际竞争力的中国孩子

Light it up, Light us up

推荐语

如何指导孩子阅读，孩子才能真正有所收获？“先读后说，说完再写”，这确实是对小学阶段的孩子比较有效的方法。针对不同类型的图书，作者给出了具体的阅读法，那是她多年做阅读老师积累的经验，值得妈妈们在亲子阅读中好好尝试。

——青年作家、青创品牌创始人　张萌

看一本书，孩子很容易被其内容吸引。但一本书有其叙述的秘密，这恰恰是孩子容易忽略或者不明白的地方。不同的书有不同的读法，也有独特的进入途径，这本书向父母介绍了实用的方法，帮助孩子走进一本书。

——特级教师、知名阅读推广人　李祖文

在培养儿童阅读兴趣和阅读习惯的过程中，家长有很多盲区，这本书为家长提供了一套非常有趣并且实用的方法，帮助家长为孩子选择合适的图书，引导孩子用正确的方式阅读和思考，让孩子能在阅读中真正有所收获。

——抖音号“洋哥带娃”创立者　张春洋

对话式亲子阅读法

[韩] 金晓英 著　宫萍 译

中国经济出版社
CHINA ECONOMIC PUBLISHING HOUSE

图书在版编目（CIP）数据

对话式亲子阅读法 /（韩）金晓英著；宫萍译. --
北京：中国经济出版社，2023.1
（全球教子智慧书系 /.）
ISBN 978-7-5136-7162-0

Ⅰ. ①对… Ⅱ. ①金… ②宫… Ⅲ. ①阅读辅导 - 亲子教育 Ⅳ. ① G252.17 ② G781

中国版本图书馆 CIP 数据核字（2022）第 220401 号

著作权合同登记号 图字：01-2022-6617

策划编辑　崔姜薇
责任编辑　葛　晶
特约编辑　尹　琳
责任印制　马小宾
封面设计　陈忆航

出版发行　中国经济出版社
印 刷 者　北京富泰印刷有限责任公司
经 销 者　各地新华书店
开　　本　880mm × 1230mm　1/32
印　　张　7.25
字　　数　136 千字
版　　次　2023 年 1 月第 1 版
印　　次　2023 年 1 月第 1 次
定　　价　58.00 元
广告经营许可证　京西工商广字第 8179 号

中国经济出版社　**网址** www.economyph.com　**社址** 北京市东城区安定门外大街 58 号　**邮编** 100011
本版图书如存在印装质量问题，请与本社销售中心联系调换（联系电话：010-57512564）

用对话提升
孩子的阅读能力

“我家孩子很喜欢阅读，但是特别讨厌写作。”

“我看孩子读书读得兴致勃勃，但是一问他读到了什么有意思的内容，他就只回答‘还行，都挺有意思的’。”

“孩子看书看得特别快，他到底有没有认真读呢？”

这些都是我在做访谈或者演讲的时候，来访的父母说起的烦恼。父母总是既希望孩子能认真看书，又希望孩子文笔好，口才也好。孩子如果达不到这样的水平，他们就会焦虑。为了判断孩子究竟有没有认真读书，有的父母甚至亲自检查孩子写的读后感。但是被逼着写出来的文章能有多好呢？即便孩子勉强写完了，文章的内容往往也不够充实。于是，父母就会继续担忧。对于孩子来说，如果总是被要求读后感写详细一点，或再写一些道理，阅读就变成了任务，原本喜欢阅读的孩子也会在这样乏味的要求中逐渐失去阅读兴趣。

每当遇到这样的父母，我都会告诉他们，不必给孩子过大的压力，一次口头上的交流就已经能达到目的了。阅读之后，能让孩子觉得开心并且真正对他们有帮助的，其实是交流。听到我这样说，肯定会有人疑惑："难道不是写下来的才能成为自己的东西吗？"这话说得对，但与其让孩子写一些空洞的文章，不如让他把精力花在整理思路和想法上。这也正是读书的意义所在。

在孩子阅读之后和他交流，有很多好处。

读书之后的交流和平时闲聊的意义不同。如果说日常聊天能够带来更亲密的亲子关系，那么阅读之后的交流则会带给双方理性思考的乐趣。通过和孩子交流读了某书后的感受、想法，父母可以了解孩子的观点或烦恼，这些可能平时没有机会倾听。如果此时父母提出好的问题，也可以引导孩子更深入地思考，父母也能借此机会确认孩子是否获得了成长。

读书之后及时的交流也会对孩子的读书产生影响。通过交流，父母可以了解孩子有没有认真阅读。阅读的过程中，如果孩子对书的内容产生误解，父母也可以马上发现，及时解释。这样能帮助他们养成边阅读边思考的好习惯。一边阅读，一边画出书里的重要内容，指出作者的写作目的，整理自己的想法观点，这就是小读者们应该学习的读书方法。

口头表达和写作是密切相关的。父母可以让孩子先说出自己的想法，再把想法写成文章。因为想要写好文章，首先要思考，而说话可以整理思路。比起写一篇毫无思考的读后感，经过一番思考整理出的内容才更能成为自己的东西，哪怕只有一两句话。如果孩子觉得写作很难，不如就从练习“说话”开始吧。

语言表达是孩子成长道路上非常重要的一种能力。通过一个人所说的话，能看出他的表达能力、沟通能力、智力水平和品性。但是，爱说话，话很多，善用与众不同的方式来说话不等于真的会说话。会说话的人会用合适的语句表达自己当下的想法和感受，并且言之有物，而阅读对培养这样的能力大有裨益。

我以之前在阅读班的讲课内容为基础，在本书中详细介绍了孩子阅读不同类型的书后如何跟他人交流，这些书包括绘本、儿童诗、童话、科普读物等。因为词汇运用和写作也需要单独练习，所以针对这些问题另外增加了一个章节。另外，沟通中要重视不同孩子的个体差异，孩子自身素养不同，引导方式也要随之变化，因此我对这部分内容也进行了整理和补充。

感谢在本书中出现的父母和孩子，感谢在历次见面会或演讲中见到的所有人，希望这本书中的内容可以消除大家的忧虑，解答大家的疑问。

目录

感受文字的力量——儿童诗阅读法

培养思考能力的童话阅读法

第4章 不同性格类型儿童的阅读指导方法

第1章

交流应在写读后感之前

“因为要写读后感，所以连读书都变得讨厌了。”

1 拉近书和孩子的关系

用亲子对话代替写读后感

瑞珍今年上小学三年级，她非常喜欢上学，在同学之中也很受欢迎。凭着“要把我们班打造成最有趣的班级”的承诺，瑞珍以最高票数当选为班长。但即便是这么优秀的瑞珍也有头疼的事情，那就是写读后感。妈妈为了帮助瑞珍，常常会问她书中的哪个部分比较有趣，读过以后有什么感想。每当这时，她立刻会暴跳如雷，发起火来：“妈妈你再这么问的话，我就再也不看书了！”

写读后感原本是为了帮助孩子读书，现在却给他们制造了额外的压力。虽然读后感的写作方式多种多样，但对于写作困难的孩子来说，这并没有多大的意义。不仅如此，不少孩子甚至哭诉道：“每次都得换一种方式来写，真的太累了。”

但这并不意味着写读后感本身是一件坏事。读后感可以帮助父母了解孩子的阅读情况，也可以帮助孩子整理阅读后的想法，引导孩子认真思考，是一种很重要的教学工具。

所以有的父母才会说，只有写了读后感，才表示孩子真的读过书了。但是站在孩子的角度想，就变成了因为要写读后感，所以必须读书。好像阅读完全就是为了写读后感，这是不是有点本末倒置呢？

孩子们觉得读后感或者读书笔记很难写，是因为写作要求他们集中注意力，深入思考以及整理资料。父母亲自试一试会更容易理解孩子的想法——在最近读过的书中选择一本，亲手写一篇读后感吧。不要只凭想象，要亲自尝试。另外，写作的时候也不要忘记，写好的读后感还要接受“上级”的检查。和大人相比更加缺乏写作经验的孩子所要面对的，就是这种状况。

但是如果通过对话和孩子交流书的内容，情况就不同了。

见到瑞珍后，我们开始上课。课上我们看了绘本《1996年6月29日》并且给这本书打分。满分是五颗星，瑞珍给这本书打了四颗星。

“四颗星是很不错的分数哦！为什么打四颗星呢？扣掉的一颗星又是扣在哪里呢？”

“因为我喜欢有想象力的书。这本书中出现了超级大的蔬菜，很有想象力。而且读的时候，我一直好奇下一次又会有什么新变化，这一点也很不错。看完最后一张图之后，感觉好像还会发生什么故事，但是作者画到这里就结束了，我觉得有点遗憾，所以打四颗星。”

下一周读的恐龙故事《玻利瓦尔》，瑞珍打了五颗星。

“恐龙已经灭绝了，但是书中说恐龙还活着，很有想象力。恐龙明明就在身边，纽约的人们却因为太忙而看不到，这部分也很有趣。书中恐龙吃超大三明治的画面也很有意思。这本书虽然文字不多，但是很厚，所以读得很过瘾，不会因为没读够而觉得遗憾。”

瑞珍想让我也看一看她想象中的画面，于是自己准备了写读后感的笔记本。她说，以后我念书给她听的时候，她就可以一边听一边发挥想象，把脑海里的画面画下来。瑞珍聚精会神地听着我给她读的内容，认真地记住，再一页一页地填满整个笔记本，由她自己发起的读后活动就这样定下来了。我提议在笔记本上记下每本书的书名和她的打分。就这样，瑞珍专属的读后感笔记本诞生了。

如果我是一名新老师，或许在瑞珍告诉我她的打分标准时，我会立刻对她说：“说得这么好，为什么不写下来呢？”说不定还会马上要求她写一篇读后感。其实这也是我刚刚组织阅读班时常犯的错误。既舍不得孩子错失偶然的妙语，又想借此证明写作并没有想象中那么难。急于求成的结果自然不尽如人意。

言书之乐

在阅读班里，我会根据孩子的兴趣和需要给他们推荐图书，要求孩子在下一次上课前读一读要聊的书。孩子们一般每周可以读完两三本书，当他们特别喜欢自己读的书，或是对书的内容产生疑问，又或是有想要补充的内容时，就会马上来到阅读班和大家交流。

“这本书比我想象的有趣得多，本来我只想看看前几页，结果看着看着就全都看完了。”

“这本书里面不是写到一首歌吗？书里只有歌词，我自己试着谱曲了。”

“但是那个地方主人公说的那句话，我有点不太懂。”

“我觉得这两本书里这一本更有趣，如果这本书有续作我一定要读一读。”

以上都是孩子们来到教室后，连书包都没来得及放下就脱口而出的话。虽然听起来有些没头没尾，但话语里都饱含真挚的情感。说起自己喜欢的书，他们可以畅谈许久。孩子们翻开书，找到自己喜欢的段落，兴奋地讲解，说着说着又忽然沉浸到书里，安静下来。这样闪闪发光的画面只有我一个人看到真是太可惜了。

在如此美好的时刻，如果对他们说“来，把现在的感受写下来”，会发生什么呢？轻松快乐的气氛瞬间凝固，生动有趣的语言全部消散，只在纸上留下苍白的文字。

请父母暂时放下成年人对写作的执着，让孩子们用说出的话代替写下的字，尽情享受阅读带来的快乐吧！孩子们可以选择书中不同的场景作为自己心中的经典场面，相互交流，在这样的交流中还可能发现自己没有留意的部分。

喜欢的电影在和朋友讨论一番后会变得更喜欢，阅读后的交流也可以带来同样的快乐。另外，通过交流，孩子也能更好地整理出属于自己的读后感。

如果一定要记录，最好不要追求复杂的形式，可以用星星打分这样简单的方式。我经常给孩子们看我的读后感笔记本，就是简单地记录书的编号、阅读日期、书名以及两三句感想。这样的笔记虽然看起来像便签一样不正式，但正是因为没有负担，我才能数十年如一日地坚持下来。看了我的读后感笔记本，孩子们也想制作自己专属的“星星打分读后感笔记本”或是“一行字读后感笔记本”。

在如今的教育环境中，孩子的读后任务被过度重视，尤其是写读后感这类写作任务。这最终只会使越来越多的孩子逐渐失去阅读兴趣。用交流代替写读后感吧，这样才能拉近孩子和书的关系。接下来，我会给那些读完了一整本书，却不知道和孩子说什么的父母分享一些经验。后续我也会讲解如何写出真正有价值的读后感，而不只是完成形式上的读后任务。不过在此之前，我们将进一步讨论“对话”是如何帮助孩子提升阅读能力的。

"读是读了，但什么都没记住。"

2 培养孩子的阅读能力

儿童阅读现状

让孩子学习读书方法的目的是提高阅读效率和阅读水平，但这并不意味着要读得多或者读得难。挑选书的眼光、理解书的内容以及整理想法的能力都是阅读水平的体现。读过的书的质量和未来的阅读计划也很重要。那么，怎样才能提高孩子的阅读水平呢？

首先，父母要准确把握孩子当下的阅读水平。目前还没有相应的等级测试，但是即使有，我也不推荐使用，因为阅读水平是很难量化的。其实，父母通过交流就能掌握孩子的阅读状况。

阅读后的交流是衡量孩子读到什么程度的标尺。孩子对待书本的态度，他理解了多少内容，阅读过程中感受到了什么样的情感，产生了什么样的思考等，都可以在交流的过程中体现出来。

毫无疑问，说话比写作更直接，对孩子来讲负担也更小。另外，父母若在交流中积极扩展话题，也可以从多个方面了解孩子的阅读情况。

如果一本书读完以后孩子觉得没什么可聊的，那么这本书和孩子当前的阅读水平就是不匹配的。书的内容太简单，交流的话题就会寡淡无味；内容太晦涩，就很难找到可聊的话题。

阅读班上，曾有一个小学二年级的孩子自豪地告诉我他已经读了上百本书。每读完一本书，他就会把书名写在便笺纸上，贴在自家客厅的墙上。每贴上一张新的便笺纸，他就会受到家人的称赞，收到小礼物。他就是在这样的环境中读了很多很多书。然而问题是，这些书中有很多是幼儿绘本，与二年级学生的阅读水平不符。我让他给我介绍一本喜欢的书，他果然选了一本绘本。而说起喜欢这本书的理由，就更加明显地暴露了问题。

"我本来就很喜欢这本书，妈妈说我五岁时只抱着这本书读。没什么别的好说的，就是很有趣啊。"

除此之外，这个孩子就说不出更多的理由了。这些书没有给予他理性或感性上的刺激，比起读书本身，他更重视读书带来的奖励。通过简单的对话，这些问题便马上暴露了出来。就算是读过几百本书，也不能说这个孩子的阅读水平很高。

也有一些孩子，当问起他读过的书有哪些要点，或是对书的具体内容进行提问时，他们会回答"读是读了，但是具体的内容已经忘了”，如果继续深入交流就会发现，大多情况下，他们不是忘了内容，而是在读的时候就没理解。很多孩子觉得只要把字念了就算是读了，只要读了就是理解了。因此当别人问起书的内容时，他们就会回答“不记得了”，而不是“不知道”。

如果不解决这个问题，即使孩子读了书也不会有什么收获，因为他们很难感受到读书真正的乐趣。即便读一千本书，阅读水平也只能原地踏步，甚至还有可能不进反退。

读过以后可以概括出书的内容、说出自己的感想和产生此想法的依据，这样的书才是符合孩子阅读水平的。掌握了孩子的阅读水平以后，家长就可以为孩子选合适的书，让孩子毫无负担地享受内容简单的书，如冒险一般挑战内容较难的书。

边阅读边思考

无论何时看到孩子们专注读书的样子我都会很开心。读书是一件没有外部引导或辅助，只能通过自己完成的事。正因如此，孩子读书的每一寸光阴都更显珍贵。有专家表示，在数字时代，唯有书才能给予人类“深度阅读”的体验。书也是人类延续智慧的重要工具。

我认为，只有孩子拥有相信自己想象力的信心、探索陌生事物的勇气，并愿意接受书带来的挑战，才能真正实现深度阅读。

比起沉迷于有趣的故事，深度阅读更接近于边阅读边思考。孩子应该学着一边阅读一边思考，而读书后的交流可以告诉孩子如何思考。

“我家孩子一拿起书就放不下，一定要读到最后，精神非常集中，也读了很多书。”

这是一位母亲在见面会上向我咨询时说的话。一个刚上三年级的孩子在参观阅读班的书时，指着一本又一本的书说：“这本我读过了，这本也读过，这本也是……”没有什么比读过同一本书更让人充满交流的欲望。于是我怀着喜悦的心情，讲述了跟这些书有关的故事，但是这个孩子却对我的话兴致缺缺。后来当他又拿出《夜晚的小学》，说“这本书我也读过了”时，我这样对他说：“老师也格外喜欢那本书，但是那本书会带来一点小问题——我每次看它时都特别想喝汤，尤其是晚上。”

这本书里描绘了兔子给小学夜间警卫员煲汤的画面，每次读到这儿，我都会很好奇那汤是什么味道。但是听了我的话，孩子却瞪圆了眼睛。

“怎么了，想不起来那一段吗？”

“不是，那倒没有……”

对于在读书时没有积极想象、主动思考的孩子来说，“读了这本书，肚子饿了”的感受是很陌生的。听了我的话以后，孩子重新慢慢翻书阅读，他指着书中主人公深夜游泳的画面对我说：“像这样晚上游泳应该很凉快吧，但是也有一点可怕。”

他是听了我的感想以后，想说点和我差不多的内容。不同于坐在座位上捧着书念完，想象着故事里的画面并感同身受地体会才算是深度阅读。

用交流的方式来帮助孩子阅读吧。问问孩子对这本书的第一印象如何，读到哪里了，到现在为止都有哪些有趣的情节，书中主人公是什么性格、经历了什么事情，等等。篇幅较长或较难理解的书也可以鼓励孩子尽力去阅读，这样能锻炼孩子的阅读能力。如果父母和孩子一起阅读，也要把自己的真实感受讲给孩子听。通过对话式亲子阅读法，成年人也可以作为读者，和孩子共同成长。

“我现在需要思考的时间。”

3 帮助孩子智力发展

借助“说话”厘清想法

读《走出院子的母鸡》的时候，五年级的韩俊在和家人旅行，堪堪赶在来阅读班之前读完了这本书。因为知道他在读书之前已经看过动画片，对故事情节非常熟悉，所以我打算和他聊聊书和动画片的异同。因为有些心急，我连珠炮似的问了他的感想。

“老师，请等一下，我才刚刚读完，需要再想一想。”

听了韩俊的话，我心里“哎呀”了一声。是呀，读书和吃东西不一样，不能读完就马上说出评价。读者需要时间回顾书中的内容，细细品味书的余韵。

“动画片给人的感觉更悲伤，但是读了书以后我反而对叶芽的梦想印象更深刻。虽然是无法实现的梦想，但坚持自己的梦想也非常了不起。”

以上是韩俊仔细整理了自己的想法以后给出的答案。刚读完一本书，的确很难立刻厘清思路。只有着重思考某个场景或某段话的意义，才能以此为突破口逐步厘清对整本书的看法。把心中的想法说出来，更容易明确思路，就像韩俊同学一样。

正如这本书中论述的，交流最大的作用就是帮助孩子厘清自己的想法。如果孩子的想法不明确，父母可以通过适当的提问和对话来引导他。经过这样的过程后，孩子的想法可能会改变：原本不喜欢某个人物，会因为理解了他的想法而为他加油鼓劲儿；本来觉得某些冒险毫无意义，但是在弄清冒险的理由后，也能理解作者要表达的意图了；可能本来对某个问题没什么看法，但是聊着聊着就产生了自己的思考，发现了自己的想法。

用“说话”帮助孩子获得书中的智慧

书具有很多其他媒介无法比拟的优点。书中的故事不仅可以激发我们的想象力，还能间接教给我们为人处世的方法，或者吸取一些经验教训。虽然人们也可以通过视频或游戏讲述各种各样的故事，但能像书一样引发读者思考的媒介非常少。以科普读物为例，好的科普读物不是简单地罗列知识点，而是以读者更容易理解的方式展现知识，这是互联网搜索引擎或者其他媒介都不具备的。为了制作本好书，作者、编辑和相关领域的专家齐心协力让内容尽善尽美。总而言之，书中充满了智慧。

读书的过程也是智慧传递的过程。虽然读书是由一个人完成的事情，但绝不是一件孤独的事。阅读的过程就是读者通过书和作者的思想相遇，从而补充、完善自己思想的过程。即使是再简单的文章，阅读的过程中也少不了读者的思考。

另外，优秀的文学作品中精彩的表达或科普读物中丰富的信息，都能成为交流或写作的素材，所以才会有“腹有诗书气自华”“读书破万卷，下笔如有神”这样的句子。但是实际上，仅靠阅读并不能自然而然地获得这种能力。

能把读过的内容清楚地表达出来，才能写出好文章，孩子尤其如此。对于正在学习思考方法的孩子来说，语言也是一种练习思考的工具。孩子可以试着先用语言说出自己的想法，再经过修改和完善，形成自己完整的思考。

当然，对话式亲子阅读法需要父母有意识地引导，孩子才能学会思考和表达。父母需要对孩子进行适当的提问，可以具体地询问孩子如何理解看到的内容，从某个部分或是整篇文章中感受到了什么，是否同意作者的观点，读书以后是否改变了想法，等等。

提问的目的不是获得答案，而是帮助孩子整理思路。另外，根据书的种类和特征寻找对话的切入点也很重要，具体方法我将在后文中详细说明。

“我既赞成又反对，有没有中立的观点呢？”

4 交流比辩论自由、有趣

读后辩论的意义和局限

一提起阅读后的交流，大家就会想到“读后辩论”。读后辩论是指从书中选出辩题进行探讨，主要以书中人物的语言、行为，故事的结局等为辩题。读后辩论可以检查孩子的阅读成果。辩论时，参与者基于同一本书的内容展开讨论，所以能够牢牢把握中心，不偏离主题。随着参与者水平的提升，辩论得出的结论也越来越有价值。

但是，辩论这种形式有时候也会给孩子带来负担。首先，选定自己的立场就不是一件容易的事。如果正反双方都有比较充分的论据，就更难抉择了。孩子们常常会为难地说：“我又反对，又赞成。”“对于这一方面我赞成，但是有些地方的观点我是反对的。”“可以选择中立吗？”也有一些时候，某一方的论据太过充分，大家的态度一边倒，讨论赞成或反对就没有意义了。

其次，用符合逻辑的理由和依据反驳对方的观点，胜不骄败不馁，这些都是孩子很难做到的。孩子们为了不输给对方而竭尽所能地寻找依据，这样反而使自己的观点变得牵强。一旦输了，他们的内心又会很受伤。大人通常会用“胜败乃兵家常事”或者“输赢不重要，重要的是寻找答案的过程”这样的话安慰孩子，但是根本不起作用。因为在实际的辩论中，胜负始终都是重要的。因此，读后辩论有时会让孩子忽略书中正确、有价值的观点。

交流为什么比辩论更好

在阅读班上，如果遇到合适的话题或有必要辩论的主题，我们也会进行辩论。但是首先要明确一点：交流比辩论更重要。与需要遵守规则和练习技巧的辩论相比，交流的重点在于大家说出感兴趣、产生共鸣和想要表达看法的地方，因而更自由、有趣。

读不同书的孩子也可以相互交流。多彬、东健和成灿一起读了《翁姑集传》[①]，在学习了朝鲜后期平民小说以后，又各自读了《田禹治传》《朴氏夫人传》和《兴夫传》。大家聚在一起介绍各自读

①《翁姑集传》以及下文中提到的《田禹治传》《朴氏夫人传》《兴夫传》均为朝鲜语古典小说。

过的书，谈论着在书中看到的那些和现在不同的社会面貌。虽然这三部小说有着相似的时代背景，但是三个孩子读过以后记住的东西大不相同。他们对此很感兴趣，并且兴致勃勃地交流起来。

载赫和宇灿各自读了《两个小洛特》和《我是她，她是我》以后，决定给对方介绍自己读的书。《两个小洛特》讲述了一对双胞胎姐妹的故事。在她们很小的时候，父母就离婚了，姐妹两个从小分开，并不知道对方的存在。后来，姐妹俩偶然在夏令营相遇并得知真相，决定互换身份，去对方的家里住。最后她们成功让父母破镜重圆，一家人幸福地生活在了一起。在《我是她，她是我》中，男孩和女孩被神秘力量互换身体，二人不得不一边以对方的身份生活，一边努力想办法换回自己的身体。两本书有共同点，也有不同点。载赫和宇灿互相只给对方介绍故事的开端，如果好奇后面的情节，可以读对方的书。毫无疑问，两人都选择交换阅读。

阅读之后可以交流的内容真的非常多。

通过交流、对话来了解自己的内心所想是树立观点的一种途径，这既是读书的一大收获，也可以说是阅读的目标。我们应该以更诚恳谦逊的态度、更具批判性的眼光、更开放包容的心胸来阅读，读书的过程中一边捕捉作者的观点，一边思考自己的想法，这样阅读的质量就能获得很大的提升。阅读和交流相辅相成，互相成就。

“我不知道该怎么和别人交流。”

5 如何提高表达和沟通能力

有效的交流与沟通

说话是一门艺术，自我表达和与人沟通都需要说话。语言可以展现一个人智商和情商的高低，所以孩子需要学习交流、沟通的方法。生活中，夸奖孩子能说会道大多是说这个孩子喜欢说话、擅长演讲、表达方式独特，或者很会逗笑别人。现在有很多专门教孩子口才的书或课程，教孩子掌握沟通的技巧，从而使其更具领导力。

而我认为好的口才是指能准确地表达自己的意思并能让对方理解，也就是要用合适的词语和节奏来表达符合主题的内容，并且突出重点。这就需要说话的人在说话前整理好思路，然后使用准确的语言。除了说，认真倾听别人的话也是交流的一部分。无论孩子话多还是话少、大方还是胆怯，都要学会倾听。倾听绝不是一件容易的事，但每个人都必须学会倾听。

虽然没有人能够预测未来的社会将会如何，但可以肯定的是，无论何时人类都需要沟通。有效地表达自己和倾听他人，在此过程中交换意见、更新观念，可以说是一种能力，而这种能力无论是现在还是未来都必不可少。

现在的孩子和上一代的成长环境完全不同，他们和人当面交往很少，使用各种电子设备却很多。数字化的环境减少了孩子和他人的直接接触，也使语言简化现象日益突出。

站在阅读教育的角度，我很警惕语言简化的现象。我认为，比起在越来越多的场合使用缩略语或符号，默认这样的沟通方式才是问题所在。长此以往，用长句来交流和写作将变得困难。语言造就思想，如果我们的语言只剩下字母和符号，就像只用碎石和散沙盖房子，我们就很难全面、深入地思考。

同时，我认为孩子在字词和语法上的错误也应该及时得到指正，正确的字词和语法是有效沟通的基础。暂且不说孩子和朋友之间的交流，网络商品的广告或社交软件上的文章中就经常出现错误的表达。孩子整天面对这些文字，很容易跟着错误的表达学，越来越不重视语言的规范性。如果不遵守正确的语言使用规则，那么我们永远做不到有效沟通。

阅读之后跟孩子交流，孩子可以灵活运用书中出现的词汇和概念。即使是平时不常用的词汇，孩子也可以系统地练习使用，逐渐熟悉新的表达方式。如果孩子说："这本绘本想象力好丰富"，你就可以用"是吧，真是奇思妙想"来回答。如果孩子本来擅长使用长句，可以让他概括书的主要内容。相反，如果孩子习惯使用简单的短句，可以让他以书本内容为基础，练习详细描述。

思考是表达的基础

书是作者为了表达并传播自己的想法而写的。优秀的书往往语言优美、流畅。让孩子就书中学到的内容进行交流可以培养其表达能力。

阅读文学小说时，孩子可以学习概括故事内容的方法；阅读诗时，可以说出感受到的情感和诗句营造的氛围；阅读童话时，可以找一篇触动自己心灵的文章，说出被触动的理由，学习文章中好的表达方式；阅读科普读物时，不仅要学习书里介绍的知识，还要学习作者展现知识的方法，练习使用理性的语言。

人们一般认为，想要流畅地表达，必须有非常丰富的词汇量，但我认为这种说法并不全对。想要拥有好口才，首先需要思考能力。思考是表达的基础，词汇量大并不代表思想有内涵。孩子要反复看书里写得好的部分，跟着说、跟着写，逐渐拥有自己的想法，形成自己的风格。

“先说再写，果然写作变容易了。”

6 通过交流提高写作信心

阅读和写作的关系密不可分，这一点不言自明。写作可以让人明确自己的想法，和口语一样，是实现自我表达的重要工具。但对于正在学习思考方法的孩子来说，写好文章是一件非常困难的事。所以，孩子在写作之前可以先试着说出自己的想法，然后再把它们写下来。说话会让写作变得简单。

口语表达比写作轻松自由且没有压力，所以在寻找写作素材时让孩子畅所欲言，能帮助孩子找到有用的写作材料。如果让孩子以“假期做的事”为主题写一篇文章，他们会犹豫写去游泳还是去看电影。这时，可以先让孩子说说有哪些素材可以用，在说的过程中进行取舍，最终确定要写的事。要注意选取的素材最好能够体现自己的思想或经验。

写读后感也是如此。例如，写一篇童话读后感之前，可以说一说是以主人公为中心，还是以发生的事件为中心来写。注意文章中心的不同，概括故事情节的方式也会有所不同。如果一边说一边整理自己的思路，写出的文章内容就会更连贯，这就是我们所说的构建文章的框架。

先说再写对写作困难的孩子很有帮助。孩子心里想着要写文章，就会慎重地选择要用到的词语，联系前后文严谨地造句。对书中不太理解的部分，还可以重新看书确认。如果不知道要写什么内容，也可以通过说来整理要点。

从孩子的角度看，说出的话收到了正面的反馈，写作时就更有信心。因为提前说了要写的内容，所以文章已经有了骨架，再为其增添血肉、赋予灵魂，就能写出饱满的文章。

7 通过对话式亲子阅读拉近亲子关系

孩子会和父母共度许多时光，但和父母的交流却不一定多，交流的大部分也是生活琐事。如果父母和孩子都很忙，沟通就容易被忽略。很多父母说，孩子越大，就越不愿意与大人分享内心的想法。虽然每个家庭的情况不同，但是很多父母表示，四年级是亲子关系的转折点——四年级的学业负担陡然加重，很多孩子忙于学业，几乎不和家人交流。

与此同时，孩子阅读课外书的机会也越来越少。学校的课业已经让孩子很忙了，所以休息的时候父母会允许孩子按自己的方式放松，而孩子通常会选择玩手机，读书的时间也就大大减少了。因此小时候还很热爱阅读的孩子，到了高年级反而不读书了。于是父母急匆匆地来请教我如何让孩子多读书。

不过，一有空就捧起书来读的时代已经一去不复返了。从前，娱乐方式比较少，读书是一项有意思的消遣活动，所以人们才会想方设法地抽出时间来看书。但是现在比书有趣的东西太多了，尤其是智能手机。不仅孩子，连父母也受其影响。

现在的人习惯碎片化阅读，但这种做法不适合孩子，孩子应当留出整块时间来阅读。如果想让孩子养成多读书的习惯，父母要让孩子专门空出用来读书的时间。孩子需要将要做的事情安排优先级，对于能培养阅读能力、思考能力和表达能力的事，要投入相应的时间，付出努力。

妈妈为了让四年级的夏琳坚持读书，决定调整夏琳的日程，每日安排读书时间。我建议夏琳妈妈把夏琳读过的书也阅读一遍，然后和夏琳交流。我为她们挑选了适合一起阅读的书，还为她们推荐了交流的话题。

父母和孩子一起读书，永远是最好的阅读教育。父母身体力行，既展现了读书的价值，又能为阅读后有针对性地和孩子交流创造条件。这时的交流可以脱离生活琐事，和孩子聊一聊新颖的话题、新鲜的内容。

夏琳和妈妈一起读过一本叫做《8点见面》的书。这是一本非常有趣的故事书，作者以诺亚方舟为主题，讲述了大洪水即将到来之际，只有两张船票的三只企鹅想要偷偷上船的故事。读者们提心吊胆，担心它们被发现，同时又被故事的情节逗得哈哈大笑。夏琳妈妈读了这本书以后，围绕“神真的存在吗”这个深奥的主题和孩子进行了交流。另外，她们还讨论了如果以这本书的故事为台本演话剧，哪些人适合扮演书中的角色。

读了《我和你在一起更快乐》中收录的短篇童话《平凡的乌龟黎洛》，她们还聊了如果能带来幸运的乌龟黎洛来到自己身边会发生什么。她们各自说出了最期盼的事情，还有那些只是想想，并不希望真的要实现的愿望。这样的交流使夏琳和妈妈变得亲密，听到这个消息我也为她们感到开心。

书给人提供聊天的话题。虽然没有书也可以聊天，但是如果有书，可聊的内容更有趣、更丰富。即使是不爱说话的孩子，也可以从书中找到和父母聊天的话题。因此，通过对话式亲子阅读，父母与孩子可以共同成长。

如何实践对话式亲子阅读法

和孩子一起读书、交流前，父母和老师都要做充分的准备。下面是我为阅读班的课程制定的备课要求，虽然实现这些要求的过程中常常遇到困难，但我会努力克服，也会通过自我检讨来调整心态。那么，读到这里的你也来为自己制定一些要求吧！

1. 明确要说的内容

无论是向孩子提问，还是为孩子讲解知识，都要知道自己要说什么。如果你想对孩子说的话中有好几个要点，就要定好顺序，并提前想好结束语。和孩子对话时要随时把握话题中心，避免偏题；如果孩子说出了新的观点，只要有意义，都要欣然接受。

2. 提出有意义的问题

尽量提出有意义的问题，不要问孩子知不知道正确答案，而要问孩子“对于这个你知道多少？”“你是怎么想的？”等具有启发性的问题。听到答案后，要接着提出能继续和孩子讨论的问题。如果想针对某一特定内容提问，那么为了让孩子更容易找到话题的切入点，最好提出诱导性的问题。比起问“校园生活怎么样”，问“你最近在学校最不喜欢做的事是什么”更好。五年级的刘浩听到这个问题后，回答说他最讨厌准备才艺展示。

“你讨厌才艺展示的哪一点呢？是不喜欢站在大家面前还是别的什么？”

“我讨厌每天都要训练。为什么要举办才艺展示会呢？”

“你觉得是为什么呢？”

“想要告诉大人‘孩子们学到了这些’吧。”

“也有可能是为了满足其他孩子的好奇心。其实，才艺展示也是教育的一部分，所以即使嫌麻烦也要忍耐，配合同伴的演奏，集中精力准备精彩的演出。”

“好吧，但是演什么都是老师一个人决定的，这一点我不太喜欢。”

“是啊，希望以后老师可以听一听参演孩子们的想法。你现在在准备什么演出？”

“演奏笛子。我的手指都练疼了，无名指和小手指格外不舒服。”

“老师小时候就不喜欢吹笛子，手指疼，而且笛子里面会有口水，也让我讨厌。”

“我也不喜欢！”

3. 关注孩子所说的内容

就像每个人写的字都不同，我们说话时的样子也各不相同。有的孩子听到问题会立刻回答，有的孩子则要花很长时间思考。另外，孩子说话时的音量和语速也都不同。这些区别没有好坏之分，父母和老师要尊重每一个孩子的个性，比起孩子说话的风格，我们更应该关注他们所说的内容。如果孩子有说话礼节、态度、语气等方面的问题，大人要注意和说话内容分开指导。

4. 在语言使用上做孩子的榜样

孩子需要榜样。父母在孩子面前说话时不要使用流行语或缩略语，发音也要标准。父母要尽量少说单个词语，多说完整的句子，同时也要注意每句话不要太长。父母的表达要明确，不要用模棱两可的语句——比如，不要说“你的房间乱糟糟的”，而是说“你应该整理房间了”。

另外，父母可以适量使用超越孩子当前理解水平的词汇。使用时不必急于解释，给出答案，而是反问孩子“你知道这是什么意思吗”。如果孩子不知道，再告诉他词语的正确意思。教孩子知识的机会有很多，不必急于一时。和孩子交流时，要注视孩子的眼睛并点头，或是时不时说“真有趣啊”“说得真好”“我没听清，再说一遍好吗”之类的话表明你在认真倾听，给孩子示范应该如何听别人说话。

5. 认真倾听，与孩子产生共鸣

说的前提是听。在一段对话中，听者也扮演着重要角色。如果父母没有认真听孩子说话，与孩子对话时的语气就容易变得强势，甚至会不自觉地带上斥责的口吻。当听不懂孩子在说什么的时候，不要说“你说的是什么啊”，而是说“我有点没明白，你慢慢再说一遍好吗”，鼓励孩子继续说。哪怕对孩子说的话不满意，也请先接受。如果孩子说“主人公说了很气愤的话，我也忍不住跟着说了”，你可以回答“生气的时候的确可能会口不择言，所以会控制自己的情绪是非常重要的”。父母要向孩子传达正确的观点，孩子才能学到东西。

第2章

不同类型图书的阅读法

激发想象力的绘本阅读法

1 绘本可以激发孩子的想象力

绘本非常受欢迎，不仅孩子很喜欢，成年人也爱看。绘本无论在哪里都能吸引大家的视线，哪怕是平时不太喜欢的绘本，如果有人读给自己听，也会重新燃起兴趣。

绘本受欢迎的最主要的原因是它能通过图画传递信息。图画不受语言的限制，无论画家是哪国人，只要看到画中主人公灿烂的笑脸，读者就能马上感受到他/她的心情。因此，即使是不喜欢读书的人也比较容易接受并欣赏绘本。

刚开始做编辑时，有一次，我犹豫要不要花钱请人来翻译一本外文绘本，以便决定是否要出版。这时我的前辈们对我说："如果只看画就对这本书充满信心，那就出版吧。"因为画面的好坏是给不识字的孩子挑选绘本的标准之一。

我想起以前读《如何读一本故事书》时，一年级的何玉和说过类似的话："其实不认字也没关系，有些书只看图画就行啦！"

我曾数次强调，绘本是向世界传播文化最有效的媒介。不是只有故事新颖的绘本才是好绘本，我们耳熟能详的故事也能通过新的表现方式在绘本中焕发生机。绘本作者擅长从最有效体现创意的角度展开故事情节。另外，绘本的主题有利于提高孩子的思想品德。

阅读绘本不仅能让我们看到作者的创意，还能激发我们潜在的想象力。如果知道某件事有不为人知的另一面，就会想去了解一番；如果知道有一个更好的办法解决问题，就会想去找到那个更好的办法。在这样的一瞬间，你会发现好像整个世界都变得更宽广了，这也是看了绘本心情会变好的原因。

即使是同一本绘本，读者个人经历不同、心智成熟程度不同，对绘本中讲述的道理的理解也不同。和读完同一本绘本的人交流，听别人分享的不同感想，能感受到很多乐趣。反复多次阅读，可以丰富自己的想法。

和孩子交流绘本读后感时，聊天的内容最好还是围绕绘本本身，绘本的插画和形式就是很好的切入点。有些父母和孩子一起读完绘本以后不知道说什么，希望本章节的内容可以对他们有所帮助。

阅读方法

2 如何给孩子读绘本

读绘本时发音要准确、自然

对于孩子来说，和父母一起读绘本的时光也是听故事的时间。与其让孩子自己一个字一个字地读，不如让他们跟随父母的声音走进绘本的世界。

给孩子读绘本的时候，父母最好用自然的声音来读，就像平时说话一样，不必刻意夸张。为了让读者能够自然地感受到阅读的乐趣，优秀绘本的文字都经过精心编辑，只要用自然的音调、音量和语速，父母就可以把绘本的内容描述清楚。

有时父母也可以酌情添加一些书中没有的话来增加趣味性，还可以扮演故事的主人公，把书里的内容演出来。但是如果孩子已经习惯了自己读绘本，这种方式可能反而会让他们无法投入。

夸张的表演会使孩子的注意力难以集中在书的内容上，而且读绘本的人也会觉得不自然。父母用最自然的方式朗读，孩子听着也舒服。

阅读之前试着猜内容

给孩子读绘本之前，可以适当营造神秘感，比如和孩子一起看着封面猜书里会有哪些图画、内容。这样在正式阅读的时候，孩子精神集中的程度也会有很大提升。阅读前简单的交流能带来明显的阅读效果，因为孩子想知道究竟有没有猜对，所以会认真读到最后。在阅读的过程中，如果能找到与孩子生活中相似的情景或与孩子经历相关的内容来吸引孩子的注意力就更好了。

在《365 只企鹅》的封面上，画着很多企鹅和几个惊慌失措的人，看起来非常有趣。但它的名字更特别——一年有 365 天，难道企鹅的数量和一年的时间有关系？

绘本《狐狸》的封面是一只正在观察读者的狐狸，它的表情很不同寻常。六年级的孩子们看了这个封面以后，纷纷开始表达看法，“阴森森的”“心眼好像很坏”“它好像在和旁边的这只喜鹊商量什么坏主意似的”……这本绘本的内容的确包含了希望和绝望、友情和嫉妒、信任和背叛，可以说孩子们的第一感觉是非常准确的。

《狐狸》

一年级的时雨告诉我她想读《老鼠化形谣》，我很担心。时雨有些怕黑，还经常做噩梦。阅读时，如果看到寓言故事中出现动物互相捕食、猎杀的场面她可能会很害怕。这本绘本中还有老鼠啃咬人类指甲然后变成人的画面。如果孩子因为这本书晚上睡不好怎么办呢？于是，我决定先问问时雨为什么选择这本书。

“因为看名字好像很有趣。”

时雨虽然不知道“化形”是什么意思，但是她知道“谣”是和歌曲类似的东西。

“化形就是变身哟。”

“那肯定很有意思吧！”

“但是可能会有点可怕呢，这只老鼠把老爷爷的……”

“老师！先别剧透，我想读这本绘本。”

“那如果时雨读着读着觉得害怕了，一定要告诉老师好吗？老师就把后面的内容简要给你讲讲。”

时雨一边问“这个人是坏人吗”“古人的衣服袖子里真的有猫

吗”，一边读完了这本绘本。虽然不是歌曲，但是这个故事好像的确很有趣。看到老鼠见了猫重新变回原形的画面时，时雨稍微有一点害怕，但可能因为有了心理准备，所以也没什么大问题。时雨反而还安慰我说：“老师说恐怖，本来我还有点担心，但是这种程度的恐怖对我来说没关系。”

陌生的词语可以直接跳过

孩子阅读绘本时总会遇到比较陌生的词汇。一般父母会很在意孩子是否明白陌生词语的含义，他们觉得想要理解故事的内容，必须把陌生词语的意思弄明白。但我认为如果孩子不问，父母最好不要主动提问或者讲解，有如下两个理由。

首先，孩子阅读绘本的时候如果总是被提问，思维很容易变得混乱。试着想象一下当你在看好看的电视剧时，旁边一直有人跟你搭话的场景，马上就能理解孩子的心情了。其次，孩子不问就说明他大约知道这个词的含义，或者有自己的理解。词语的含义和使用方法最好通过联系上下文的语境来学习，还有，即使现在不解释，这些词语说不定什么时候又会遇到，到那时再解释也不迟，语言的世界远远比某一本书广阔得多。

故事绘本《糊里糊涂的鬼怪》中有这样一句话：“（庄稼人）因为没有自己的土地，只能靠给别人家卖苦力过日子。”

如果单独向孩子解释“卖苦力”，免不了大费口舌。但是如果翻开这本书看上下文，孩子马上就能猜到这个词的含义。

“到别人家做农活，干了一整天，挣了三分钱。”

孩子会想，在别人家干活赚钱就是“卖苦力”吧。庄稼人把钱放在“裤腰”里回家，这里的“裤腰”又是什么呢？虽然孩子可能不知道是什么意思，但是通过阅读可以推测出，这句话大概是说穷人不会随便放置当天赚到的钱。

当然，查字典也是一个好办法。字典中“裤腰”就是裤子的最上端，系腰带的地方。知道了这个词的含义，也可以进一步了解到古时候人们的衣服上没有兜，还可以知道当时的农民生活在连钱袋都没有的贫困中。但是即使不知道这些词是什么意思，也可以读懂这个故事：严重健忘的鬼怪一次又一次还给农民三分钱，最后农民成了富人。

如果孩子主动提问，父母直接告诉他或者和他一起查词典就好。如果父母为了满足自己当老师的欲望，故意卖关子，对孩子说“你自己想想这是什么意思”“你再认真看看前面的内容就能猜到了”，以此逼孩子学习，只会把孩子推得离书本越来越远。

阅读时可以和孩子随时交流

不分散孩子的注意力并不意味着亲子共读时只能两眼盯着书本死读书，父母随时可以和孩子交流，只是应该避免父母一味地提问，孩子只能被动回答问题的情况。因为这样就不是交流，而是问答了。边读书边交流的过程，也是孩子练习边思考边学习读书方法的过程。在这个过程中，父母可以“把想法大声说出来”。

《驴小弟变石头》讲述的是驴小弟发现了魔法石，却因为许错了愿望而变成石头，最终好不容易重新回到家人怀抱的故事。我和二年级的志厚一起读这本书时，看到第一章中驴小弟非常喜欢收集形状或颜色奇特的鹅卵石这部分，我问了志厚一个问题：“我小时候和驴小弟一样喜欢收集，不过我喜欢收集的是便笺纸，现在我看到漂亮的本子和便签还是迈不动步子，志厚喜欢收集什么东西？”

“我之前在收集口袋妖怪卡片，但是最近不怎么收集了。”

读到驴小弟变成石头的地方叫“草莓山”时，志厚先发表了看法。他说：“啊，我最喜欢草莓了。”读到村子里的狗狗寻找驴小弟这部分，有一句话是“他们看到草莓山上有一块大石头”，志厚看到后马上说“嗯？这块石头不就是驴小弟吗？”读到有一匹狼爬到驴小弟变的石头上哭泣，志厚还扮演了狼，即兴表演了这段内容。后来读到驴小弟的父母因儿子的失踪忧愁满腹而到草莓山散心时，他兴奋地说：“哇，他们一家要见面了！可是驴小弟现在还是一块岩石，怎么办呢？”志厚为此担心得不得了，目不转睛地盯着书看下去。为了不剧透，这里就不告诉大家驴小弟最后有没有变回原来的样子。但是可以透露的是，志厚读完了这本书说“这可真是一个好故事”，还反复读了好几遍。

对话方法

3 阅读绘本之后应该说什么

用语言描述图画

感受 “你感受到了什么？”

通常，孩子们还没有看书的内容，就已经能选出中意的绘本了。因为他们被那些书的图画吸引了。很多人说绘本是孩子认识的第一件艺术品，并把摆满绘本的书架比喻成艺术馆。这并不夸张，绘本的确具有引人入胜、令人心动的美。但是我们所说的“美”究竟是什么呢?

仔细观察大多数人喜欢的画，就能推测出大众对美的标准——稳定的构图，熟练的技巧，还有和谐的色彩，等等。但同时，我们也有自己不同的审美标准，所以每个人眼中美的对象也各有不同。

如果能说清楚喜欢什么样的画，从画中感受到什么，我们就能渐渐发现之前连自己都不知道的喜好。父亲和孩子都说说对绘画的喜好吧，欣赏画作的眼光变高，感受也会随之变得丰富。

跟孩子讨论绘画时，父母要注意说话方式。如果只是笼统地问孩子这幅画怎么样，孩子能给出的答案无非就是“喜欢”或者“还行”，很难说出具体的感受。

《小园丁》里的画由彩色铅笔和彩色蜡笔绘制，笔触柔和。夏尔只看了这本书的封面就说：“我喜欢这本书！”

“看了这幅画你有什么感觉呢？”

“模模糊糊。”（这是夏尔当时的口头禅）

“的确啊（这幅画的轮廓线不清晰，有些模糊），但老师感觉这幅画很柔和，而且色彩丰富，看起来很华丽。”

“有很多漂亮的颜色呢。”

“夏尔喜欢这里面的什么颜色呢？”（我翻着书页）

“我喜欢紫色。”

“我喜欢这里的粉色。”

“我也喜欢粉色，还有这里的绿色。啊，我知道了！这本书的名字是《小园丁》，因为庭院

《小园丁》

里有很多花，所以才会有这么多的颜色。”

“说得对，夏尔很喜欢花和树吧？”

“没错，而且我也喜欢像这样色彩丰富的书。”

读完《小园丁》后，我给夏尔推荐了《不想和你说再见》。这是一本介绍生活在热带雨林、珊瑚礁、沙漠等地的濒危动物的绘本，读者要寻找画中隐藏的动物。绘者以华丽的水彩画描绘出了动物们多样的栖息环境，阅读这本书绝对是一场视觉享受。多彩的图画本身就呼应了守护生物多样性这一主题，这也是这本书的特点。夏尔也喜欢这本精彩的绘本，真的是太好了。

二年级的希瑞说自己最喜欢的书是《桑吉和面包师》，并向我介绍了这本书。贪心的面包店老板要桑吉支付闻面包味道的价钱，法官最后判决他用硬币掉落的声音来偿还。因为故事充满智慧，所以这本书成了备受孩子喜爱的畅销书。而希瑞喜欢这本书的理由是这些画看起来很好吃，准确地说，是面包店里的面包看起来很好吃。

“一看这本书，我就想吃面包。”

“没错，老师也是。这本书好像真的有面包的味道。”

“面包的味道（做出好闻的样子）应该也很香，我喜欢这种像漫画一样的书。”

“可是它连对话框都没有，希瑞为什么觉得它像漫画呢？”

“这里（桑吉闻味道的画面）桑吉的鼻子被画得这么大就像

漫画，面包店老板听到叮叮当当的硬币掉落的声音时的反应也像漫画。”

希瑞之所以说这本书像漫画，是因为画作很生动。《桑吉和面包师》这本书里面的图画唤醒了读者视觉、嗅觉、听觉三种感官。

《痒痒》是一本很棒的绘本。虽然绘画风格与众不同，但是读者依然能感受到画面的生动。故事中掉落的头发变成“我”，和真正的“我”一起跳舞、玩耍，看起来非常愉快。看到主人公跳舞的样子，读者好像能听到书中传出的音乐声。不仅是希瑞，只要是喜欢幽默图画的孩子都会喜欢这本书，从画中可以闻到什么味道、听到什么声音也是交流的好主题。

画面 “你印象最深刻的画面是什么？”

一般的绘本至少有32页，厚的大多不会超过48页。在有限的篇幅中，作者为了向读者讲述故事，让读者感到愉快、幽默和感动，要反复修改草图，衡量画什么、不画什么。换句话说，我们在绘本中看到的图画都是经过作者筛选的。看着绘本，说出作者为什么画这些场景，某个场景向读者传达了什么信息，可以帮助孩子了解创作的过程。

和孩子一起聊聊你最喜欢绘本中的哪个场景吧。《北方狐狸的梦》这本书讲述的故事其实很简单。在寒冷的冬夜，狩猎失败的小狐狸来到了一片森林，森林的风景美不胜收。第二天清晨，它遇到了它的命定之“狐”。但书中的图画并不简单——皑皑白雪中，疲惫的狐狸，拼命逃跑的兔子，被大雪覆盖的冬日森林如梦似幻。如果让孩子们选出最喜欢的场景，他们会给出很多不同的看法。

“兔子跑得比狐狸还快，而且长得也比狐狸大（画得很大），真的很酷。”

“我最喜欢狐狸呆呆地看着前方的场景，它好像因为没抓到兔子，变得有点蒙。”

“我最喜欢狐狸想念妈妈的场景，太可怜了，它还是个宝宝呀。”

“我喜欢最后它遇到其他狐狸的场景，但是这只狐狸还小，它怎么会在春天生出小狐狸呢？”

小朋友们补充的内容更多了，回答也更积极了。

还可以和孩子找找书中隐藏的乐趣。《看看我有什么》是一本所有孩子都能愉快阅读的书，画中处处隐藏着或搞笑或不符合逻辑的元素。例如，挂在晾衣绳上的毛衣都手牵着手，牛在住宅区的家里望着窗外，脚蹼上挂着泳镜的绅士在公园遛鱼。主人公萨姆似乎听不到朋友的炫耀，一个人望向树林，显得格外帅气。有些动物身上的花纹和岩石、树皮一样，在画中寻找这些动物也很有趣。

或者和孩子想象一下作者在画画时想要表达什么。《看上面！》这本绘本讲述了主人公秀智因一场交通事故失去了双腿，在屋顶俯瞰风景的故事。秀智在屋顶只能看到人们的头发和成排的雨伞，只能在心里呼唤，希望有人看看她。这样想着，竟然真的有一个人抬起头，看到了她，还和她说了话。那个人为了让屋顶上的秀智看到自己的样子，躺在了马路上。其他人、小狗和自行车也都躺在地上看着上面。于是，秀智也抬起头向上看去，所有人都看向同一个地方——天空。那么，作者为什么要说“看上面”呢?

“因为太无聊了吧，可能作者自己也每天一个人待着，想看看别人的脸。”

“或许是作者想让我们看着天空放松一下。”

“好像也有教我们观察别人的意思。”

看着画中的人们躺下，有些孩子也学着躺下来。画中人物躺在路上的样子看起来很有趣，孩子在不知不觉间进入了画中的场景，尝试用新的视角看事物。同一件物品，分别从侧面、上方、下方、正面观察，视角不同，画出的样子也不同。换一个视角，可以得到新的灵感。

在绘本有限的篇幅里，作者会衡量画什么场景、不画什么场景。那么那些没有画出来的场景都去哪了呢?大部分都在读者的脑海里。即便绘本中的画是不连续的，读者也能在阅读绘本的过程中自动想象出发生的事情。绘本的读者都是具备主观能动性的参与者。

因此，读绘本时大人和孩子说的话即使没那么有趣，孩子也不会感到失望。不要忘记，阅读本身就是一项发挥想象力的事。

作画方法 “为什么用这样的方式来作画呢？”

除了图画的内容，作画的方式也很重要。孩子们在看了使用多种技法绘图的绘本之后，会开始关注什么是艺术。如果他们能够在阅读绘本之后，学会思考作者为什么这样表达就更好了。

之前介绍的《北方狐狸的梦》，书中的图画是木版画，画中粗壮有力的线条很适合表现生活在寒冷土地上的动植物的强大生命力。二年级的贤成在读这本书前先看了画，得知这是木版画后，问道："作者为什么要用这么费劲儿的方式来画呢？"我们带着“作者希望通过木版画达到什么特殊效果”这样的疑问看书，没看几幅画贤成就发现了木版画特有的立体感。

《北方狐狸的梦》

“这样的画面给人的感觉更棒，所有的动物都活灵活现的，狐狸好像要从画中跑出来似的。”

《两只小熊》里的照片是作者在饲养小熊的过程中拍下的。除了小熊，书中还出现了小牛、小鸡、浣熊等小动物，它们像是在说“还有这样的场景呢！”，给读者带来很多精彩的画面。和绘画不同，照片给人强烈的现场感和真实感。聊一聊什么是只有照片才能表达出的感觉吧，或者想一想拍摄这些照片可能会遇到哪些困难，这也是个不错的话题。这样一来孩子就明白，为了得到一张可用的照片，作者可能拍摄过无数张。

《森林裁缝的花瓣礼服》

《森林裁缝的花瓣礼服》是用干花、干叶、树枝、布片等材料制作的拼贴画绘本。自然状态下花瓣的纹理已经很精致美丽了，再经过作者小心翼翼地采集、晾晒、整理、拼贴，最后完成的作品也流露出满满的诚意。

创意并不单单是在脑海中设想一个奇妙的主意，而是循序渐进地落实，最终得出一个实际的结果。家长可以让孩子找出画中使用的每一个拼贴材料并说出它是什么，加深对这部作品的感受，发现它的优点。

另外，这本书还收集了各种颜色的小物件，并把颜色和不同的心情联系起来。这一点也很有意思。例如，“穿红色衣服的那天很想跳舞。”说说哪些心情和哪些颜色很相配吧，还可以和孩子聊聊如果要从书里的花瓣礼服中选一件来穿，穿哪一件好。

说说制作绘本的方式

“请问您怎么看待给孩子看电子书这件事？”

这是我在演讲或者见面会上经常被问到的问题之一。人们常常为阅读方式是否应该随着时代的变化而变化感到烦恼。

电子书使用电子阅读器，具有可随时随地阅读、价格便宜、节省空间等诸多优点。再加上电子阅读器的功能越来越完善，电子书的产量也呈递增趋势。有些童书出版社甚至向用户出租兼有电子阅读功能的平板电脑，促使用户阅读他们出版的图书。

电子书的流行势必对出版业产生不小的影响，但我认为电子书不可能完全取代纸质书，因为纸质书有实质感。书的封面给人留下的印象，纸张和印刷赋予阅读的愉悦感，以及翻动时纸张发出的响声也是阅读的重要组成部分。

童书中的绘本更讲究实质感。那么从现在开始，让我们来思考一下纸质绘本带给我们哪些乐趣。

尺寸 “为什么这本绘本采用这样的尺寸呢？”

我们发现，摆放在书架上的绘本高度参差不齐。绘本的大小之所以各不相同，是因为它们的尺寸是根据内容选择的。

《思考ABC》是以字母为主题发挥想象力的绘本，看起来很像是一本用图画做成的词典。它的长宽都只有一拃[1]左右，是一本不大的书。《拉兹和狮子》是图书教室里尺寸最小的书。它讲述了胆小鬼拉兹在口袋里放了一只小狮子，并从中获得勇气的故事，这样的内容适合做成小书。《海浪》是一本比较宽的绘本，这是描绘清凉海滨风景的最佳形态。前文中介绍的《看上面！》是窄长形的，和内容吻合。如果你家的书柜里也有大小不一的各色绘本，那么就和孩子聊聊每本绘本做成现在这个尺寸的原因，这样可以培养孩子多角度看绘本的能力。

三年级的孩子们一起看了《谁吃谁》，这本书描绘了生物界的食物链，它横向长240毫米，纵向长335毫米，尺寸较大。我第一次拿出这本书时，孩子们的反应是“这是一本大书”，打开这本书后，大家都“啊”地感叹起来，因为书中用黑色线条细细描绘的花朵让人印象深刻。接下来的每个页面，

《谁吃谁》

① 拃（zhǎ）：张开的大拇指和中指或小指两端间的距离。

都被动物或植物填满，无论是白鹡鸰还是狼、刺猬，都比孩子们的脸还大，画中的蚜虫和苍蝇成群结队，好像都要从书里飞出来了。这些画让孩子们迫不及待地开始交流。

“我第一次看到这么大的瓢虫，为什么画得这么大呢？”

“因为书很大，所以画也很大吧。”

“不，是因为画很大，所以书才很大。”

这时，轮到我出场了。

“作者可能一开始就想要画很大的画，做一本很大的书，但更重要的是，他这样做的理由是什么呢？”

“为了吸引人的目光吧。”

“但别的书也要吸引人的目光呀。”

“是为了将动物画得更清楚。”

“老师的想法和你们差不多，并且我还想到了另外一件事。这本书中的动物被画得很大，无论是瓢虫、青蛙还是狼，它们都差不多大，但实际上并不是这样，对吗？有人知道作者这样画的原因吗？”

“作者是不是想表达所有动物都一样重要？重要程度和大小无关。”

正如孩子们说的，无论是小型动物还是大型动物，它们都同样重要。作者为了传达这个信息，制作了一本这么大的绘本。再强调一遍，作者为绘本选择某种尺寸一定有他的理由。

封面和扉页 “封面上为什么画了这幅画？”

大部分绘本都是精装的。如果说封面是大门，那扉页就是玄关门。扉页一般会使用既和封面氛围搭配，又与正文连接自然的颜色。在绘本中，扉页也是作品的一部分。

《森林裁缝的花瓣礼服》的扉页正面散落着干花瓣和线穗子，背面则散布着衣服的花样，并且还介绍了森林裁缝裁制衣服时使用的材料和工具。作者用这些来激发孩子的阅读兴趣，孩子读过以后也会回味无穷。

绘本《痒痒》的扉页正面有姿态僵硬的小猫、小狗和煎鸡蛋，背面则是和正面同样的角色形象，但它们却在愉快地跳舞，接下来正文第一页是亮丽的舞台。前后的人物形象形成了鲜明的对比，增添了趣味性。

《痒痒》扉页正面

《痒痒》扉页背面

绘本《我是地铁》以地铁的口吻讲述了形形色色的乘客的故事。这本绘本扉页的正面是清晨越过汉江的地铁，背面是同样的景物，但时间背景变成了黄昏。作者接下来用四幅图简单描绘故事的起因，在这之后书名才正式出现。

看了这种新颖的开头，你有什么感受呢？和孩子聊聊吧。阅读班的孩子们看了以后说："不知道为什么就是觉得很酷。""感觉像看电影一样。""我对后面的内容更期待了。"

当然也有孩子说不清楚自己有什么感受。说不清也没关系，我觉得孩子只要看到像这样别出心裁的设计就很有意义了，是否接受过新颖、前卫的艺术形式的洗礼对孩子来讲有很大的不同。

有的绘本从封面起就开始讲故事。《陌生的村庄》这本书就大胆地把正文放在了封面上。"今天是郊游的日子。'不要忘了带盒饭！'妹妹光着脚跑了过来。"孩子怎能不被这样的封面吸引呢？

《陌生的村庄》

书的扉页上画着错过了公交车的主人公搭乘空大巴前往陌生村庄的场景。陌生的村庄里面有会走路的蒲公英、在市区游泳的菠萝和芒果、卖猫花盆的汉堡包，等等。这是一个光怪陆离的世界，绘本的内容就是主人公在这里的经历。

扉页的背面画着蒲公英们离开主人公家，排着队回到陌生村庄的场景。那么，不是主人公寻找并来到陌生村庄，而是陌生村庄来找了主人公吗？多亏了作者自由奔放的想象，孩子也可以尽情发挥想象力，互相交流。

创作 **“试着在作者想法的基础上加入自己的想法！”**

之前我们提到过，绘本读者阅读时能够发挥主观能动性。《枕头仙人》就是这样，枕头道士和他的弟子被褥想要把掉在洞里的小动物拉出来，结果自己也掉进了洞里。于是枕头道士对读到这里的读者说：“真的很抱歉，能麻烦您翻一页吗？”把书翻过一页再倒过来看的话，就会看到他们请求读者使劲儿拍拍书，把他们救出来。按照他们的请求去做，不知不觉间就能“救”出所有被夹在洞里的角色了。“原来这是一本让人会哈哈大笑的书呀。”时雨也笑着说。

“但是如果读者不按照道士的要求去做，会怎么样呢？那他们不就永远也出不来了吗？”

“这是个好问题，大概作者就是相信我们会照做吧。”

时雨没有把书翻过来，而是重新开始读。他扭着脖子想要读书上倒着印的字，但是这样显然不行。最终他还是把书倒过来看了。这就是作者设计的让读者主动配合的有趣方法。

《速度和距离一点也不重要》是一本需要读者参与故事创作的绘本。绘本的第一个场景是主人公坐着汽车说：“我们现在去旅行吧。”这本绘本的十五个场景都分为上下两个部分，上半部分和下半部分可以各自单独翻页，也可以打乱顺序翻。这使得旅途中的风景是无限的，只要翻过上半页或者下半页，内容和感觉都会变得完全不同。阅读的时候不要想着把整个故事全部创作出来，只要随便翻开一页，写出这一页场景中的故事就好。书中的台词“哇！快看那里！”的“那里”可能是路过的狗狗，可能是羊群和牧场，可能是正在挥手的旅人，也有可能是打招呼的小熊。

还有的绘本主题是“展开看”。《翻开这本小小的书》是一本书里叠加了好几层书的绘本。翻开这本小小的红色绘本，会看到瓢虫的故事；翻开瓢虫正在看的绿色绘本，会看到小青蛙的故事。

书中的书越来越小，越来越有深度。有趣的是，虽然书越来越小，但是读书的小动物却越来越大，从甲虫到青蛙、兔子，等等，在最里面的小书里还出现了巨人。

读绘本还有很多隐藏的乐趣，比如用各自在看的书的腰封作为礼物来交换，以此交流更多的话题。读者看到富有创意的作品，也更容易激发出自己的创意。

虽然《翻开这本小小的书》的结尾是“让我们继续来看下一本绘本吧”，但是时雨决定暂时不看下一本绘本，而是亲手制作一本专属于自己的绘本。这就是用创意来激发创意。其实，阅读绘本以后最好的读后活动就是自己试着仿制一本绘本。

读后活动

4 阅读绘本之后应该做什么

用图画记录灵感

《画一个太阳》的作者布鲁诺·穆纳里也是设计师和视觉艺术家。在这本书中，他以我们每个人都可以看到的太阳为主题，向读者介绍了观察和表现某个对象的各种方法。虽然这本书是面向成年人的设计指南，但是正如夏尔说的，这本书里的图画都很好看，因此我也会和阅读班里的孩子们一起看。因为太阳本来就是孩子们很喜欢画的素材之一，所以大家都很爱看这本书。而三年级的雅兰做得更多，并没有止步于阅读。

“如果这样就可以，那我也能画。”

雅兰用红色和黄色的蜡笔混涂，临摹了布鲁诺·穆纳里画的太阳。她觉得即便自己用的方法很简单，也画出了很有趣的图画，所以对自己的“大作”非常满意。然后，雅兰又开始了自己的创作：和之前一样用红色和黄色画出了太阳，但不一样的是，这个太阳被装在一辆板车上，被一个全身黑色的人拉着。

《载走太阳的叔叔》（读了《画一个太阳》以后雅兰画的画）

“这幅画的题目是什么呢？”

“是《载走太阳的叔叔》。”

从雅兰的画中，我看出了两点。第一是雅兰准确地理解了作家的用意，这一点从雅兰独有的观察并描画太阳的方式上就可以看出来。雅兰想用自己的方法画画，所以她根据自己日常观察得到的印象来画，为了在画中反映出太阳的物理性质，她画了一个像影子一样的叔叔。站在作者的角度，理解作者的用意，同时发挥自己的创意，这就是读者对绘本最好的理解。

第二就是，孩子们拥有着连意大利顶级天才设计师也比不上的大胆创意。这本书展现了很多艺术家独创的太阳的形态，但雅兰竟然大胆地把太阳载在板车上，这样看来，谁的世界更宽广呢？

跟着绘本学习表现手法

阅读一本绘本，只要能做到仔细看、认真思考、积极交流想法就足够了，也就是说，阅读绘本并不一定要设计读后活动。如果没有事先准备好资料，或是读书期间没有自然而然生发出感想，那么与其勉强搞一个读后活动，还不如干脆临摹绘本中的画，或者根据绘本中比较特别的绘画方式试着自己画一幅画，这样才算得上把绘本利用到位。

《哆悉哒》讲述了观察陌生植物生长的昆虫们的故事。书中的对话都是“嗡嗡嗡”“呼呼呼”“吱吱”“当啷啷”这样的拟声词，仿佛是作者听到了昆虫们有趣的对话，并真实地记录了下来。虽然不知道对话是什么意思，但是只要理解了图画中的内容，再跟着读出昆虫们发出的声音，就能猜出它们在说什么。四年级的夏琳读了这本书，说要亲自来翻译虫儿们的话。

夏琳以画中的情景为依据，推测出“嗡嗡嗡”表示“哇哦”，

“呼呼呼”表示“朋友”，“吱吱”表示“能看到什么”。等到下一次再出现这个拟声词时，如果推测出的含义也符合这个场景，夏琳就会很开心。如果不符合，夏琳就会为这个词重新选一个同时符合两个场景的翻译语句。有时候她也会根据对话的内容，重新解释整幅图的意思。多亏了这本书，我也充分调动了自己分析图画和文字的能力。表面上看，孩子好像是在这段时间里消耗了大量的精力，而实际上孩子是在进行自我充电，得到的能量是消耗的能量的数倍。

积累词汇

一年级的夏尔在读小学以前没有专门学过认字，但是阅读绘本的时候她会发现绘本中有很多眼熟的字，有的在游戏指南上见过，有的在商店的招牌上见过。这些在日常生活中见过的字，通过阅读绘本，夏尔很快就认识了。夏尔特别喜欢用语言来表达自我，所以入学以后她很快就认识了好多字。虽然离能够流畅地表达还有距离，但是夏尔现在对念书和学新词越来越感兴趣，所以《词语收藏家》这本书特别适合她。

《词语收藏家》里的杰罗姆收集了各种各样的词语，有引人注目的词语，有让人听了心情愉快的词语，还有不解其意但大声说也很出彩的词语，等等。后来收集词语的书散开了，词语们散落了一地，随机组成了新的语句，这就是诗。诗歌把词语吹向空中，吹向每一个人。

我在阅读这本书的过程中，就已经想到了很多可聊的话题。杰罗姆认为“我爱你”“烟花”“拥抱”都是让人听了心情愉快的词；“谢谢”“妈妈”“亲亲”这些词听了就开心；珍贵的词语有“礼物”“家人”“书”；杰罗姆还找到了一些听起来像歌一样的词汇，比如“瓜卡莫莱”“马达加斯加”“塔尔塔沙司”，等等。夏尔还和我一起找到了“咔嚓咔嚓”“啪啪啪”这样的拟声词。

读了这本书，读者可以从书里的词汇中选出自己喜欢的词，然后收集起来。夏尔收集了“和平”“宝物”“隐隐约约”“自由自在”“勇气”“回忆”，我则收集了“宇宙”“希望”“祝福”“微风”“潜力”等词语，但是看了夏尔收集的词汇，我也想要收集“回忆”这个词。

“夏尔，可以把‘回忆’这个词送给老师吗？老师可以把‘宇宙’送给你。”

“不要嘛，老师给我‘宇宙’我也不想换。”

“那我用‘潜力’跟你换怎么样？这个词很棒哦。”

“潜力是什么意思呀？”

“就是指潜在的力量或能力，特别棒吧？”

“‘潜力’的确很好，可是‘回忆’我也很喜欢，还是不换了。”

“老师年纪大了，所以真的很需要回忆哦。”

"我年纪很小，所以以后要多多制造美好的回忆呢。"

当然，最后是我放弃了。

我们可以通过学习别人的创意来培养自己的创新能力，而基于绘本内容的交流对激发孩子的创意大有裨益。

正如之前我说的，一本绘本并不是只通过图画传达信息，它的制作方式也可以传达信息。绘本中的图画使人思考，而思考就需要用到语言。图画和文字有着密切的联系，记忆图像以及对图像进行想象的能力也和表达能力息息相关。

在下一章中将要介绍的"儿童诗对话式亲子阅读法"就有助于培养这样的能力。儿童诗中没有图片，只有文字。

感受文字的力量——儿童诗阅读法

1 通过儿童诗感受文字的力量

诗一般都很短，在读儿童诗集之前，如果你问孩子们诗歌有什么特点，他们大概会说："诗歌很短！"当然，也有长诗，但可以肯定的是，比起其他体裁，诗歌相对更短。纸短情长，诗歌虽短，有时却能给予人更绵长的感动。这是为什么呢？大概是因为诗歌简短的文字中蕴含着更深的意义吧。

诗人为了表达出寻常方式难以展现的感受和想法，精心地选择词语，排列句子，呕心沥血写就诗歌，再删繁就简，把想说的话藏在诗句中。诗中保留下来的句子可以说是在作者的笔下幸存下来的，每一个词语都弥足珍贵。要想理解一首诗，就要找出诗词中蕴含的深意，所以读诗可以潜移默化地培养孩子理解词句的能力。

让我们一起来读一首尹东柱[①]的诗吧。

衣兜

尹东柱

无物可装
让我担心的
空空的衣兜啊
到了冬天就鼓鼓囊囊
装的是我的两只
攥得紧紧的拳头

这首诗中的“拳头”并不只代表攥紧的手，也代表一无所有的穷孩子暗下决心时唯一能紧握的东西。装着拳头的衣兜里总有一天会被金钱或宝贝装得满满的。

从“攥得紧紧”这句话中可以感受到诗中描写的是一个堂堂正正的孩子，即使在寒风凛冽的冬天也挺直了脊梁，骄傲地走着。孩子既要通过查字典了解“拳头”的意思，也要通过具体的语境理解词语背后的含义。理解诗中的比喻和象征，对语言的感受乃

① 尹东柱（1917 年 12 月 30 日—1945 年 2 月 16 日），原名尹海波，中国朝鲜族爱国诗人。

至对整个世界的感受都会发生变化——可以看得更远、想得更深、表达得更多。

另外，孩子读诗的时候，脑海中会对诗句产生联想。诗的意象也叫作“心象”，是指我们感受到的事物在心里浮现出的形象。诗中包含的视觉、听觉、嗅觉和味觉，都在时刻提醒着我们文字具备的强大的力量。通过文字，我们可以看到从前看不到的景象，听到以往听不到的声音。

要知道，万事万物皆能成诗。如果父母能把生活中的平凡瞬间写成美丽的诗句，那么孩子的日常生活就会格外丰富多彩。如果读诗的时候发现某个自己曾经有过的想法恰好被诗人写了出来，就更容易对这首诗产生共鸣，同时会觉得自己的想法也很有价值，进而产生“我也来写一首诗吧”的想法，生出自己也能写诗的自信，成为一个感情丰富的人，表达能力也会随之提高。

虽然儿童诗是专门给儿童写的诗，但好的儿童诗不仅可以给孩子阅读，也能给大人带来感动。换句话说，大人读起来觉得幼稚无趣的儿童诗也一样不适合给孩子看。我个人不太喜欢教条化的儿童诗，我认为优秀的儿童诗不是用大人的思维和语言写出的文字，而是拓展孩子对世界的认知，引导孩子思考的工具。

阅读方法

2 儿童诗该怎么阅读

朗读和背诵

欣赏儿童诗最好从大声朗读开始。朗读可以使人更加深入地感受诗歌，让那些写在纸上的文字通过发声器官回荡在空中，再从耳朵重新流淌回我们的身体里。比起只用眼睛去看，大声地朗读可以让读者更加真切地感受到诗中蕴藏的情感。大声朗读语言活泼的诗，会觉得诗句变得更有趣了；大声朗读平和的诗，仿佛周围的空气都变得宁静了。

读诗最好的方式是背下来再吟诵，也就是背诵。我常常对孩子们说，把诗背下来，就像是拥有了一件可以随时拿出来赏玩的艺术品。而且为了能够把诗背下来，孩子会多多品读诗句，同时了解构思诗句的过程。

背诵一首好诗，孩子会知道组成诗句的词语都是经过精心排列的。理解诗的脉络也有助于孩子表达自己的感受。背诵诗歌，不要单纯一字一句地背，要像演奏乐曲一样，沉稳地演绎出作品的精髓。请父母和孩子一起背诵一首诗吧。

背诵诗歌的注意事项

- 控制好语速和音调
- 诗的题目和诗人的名字也要一起背下来
- 发音要准确
- 讲究抑扬顿挫
- 充满感情地背诵诗句

背诵也是一门技术。刚开始背诵诗歌时，孩子会觉得很难，但是只要坚持，背几首之后就能背得更好。如果觉得一次背完整首诗有压力，可以先背诵自己最喜欢的一两句或者某一段。背诵的时候，要把诗的题目和诗人的名字一起背下来，这是对创作者的尊重。我在阅读班里还举办过一个活动，就是把一首诗中的句子分别写在卡片上，再把卡片打乱，让孩子们按正确顺序排列好。这样做，可以帮孩子记住诗歌。

先抄写再朗读

抄写诗句也能帮助记忆。抄写的时候，一次能记住多少就写多少，写下来以后大声朗读。当我们反复朗读笔记本上的诗句时，注意力会更集中。我之前在公开演讲时，有一位母亲和我说，她读书时会拼命让自己慢下来。我认为这是很好的读书方法，特别适用于读诗。这样做可以在很短的时间里完整地背下一整首诗。

除了笔记本，也可以把诗句写在小卡片上，和朋友或者家人分享。如果发现孩子抄写的时候字写得不够好，父母也不要指责孩子，因为重要的不是字迹。

画一幅和整首诗相配的画也不错。如果孩子觉得画画很难，可以只画其中的一两句。让孩子在便签上写下喜欢的诗句，贴在墙上或者冰箱上，也能让家里变得更温馨。

父母两人可以一个人念，另一个人写，也可以互相换着念和写。孩子看着父母亲手写下诗句，自己也会想要试一试，这时就可以换孩子来写。虽然这只是个简单的家庭活动，但是能制造出家人之间独有的“诗意瞬间”。

阅读由同一位诗人写的诗集

因为每一首儿童诗都是一篇独立的作品，所以孩子可以通过各种渠道阅读。单独出版的诗歌名篇选集或者教科书里的儿童诗都很适合孩子阅读。当然了，也可以在这些诗集中找到自己喜欢的诗背诵。但是，我更建议大家去读由同一位诗人的作品编成的诗集。

完整地读完一本儿童诗集，就像走进了一位诗人的思想世界。每一位诗人观察自然、生活和人类心灵的方式不同，对这些事物的看法不同，相应的表达方式也不同。比起只读一首诗，系统地阅读同一位诗人的很多首诗，对理解诗人的世界观有很大的帮助。

一本儿童诗集一般收录约50首作品，这些作品会按照一定的方式排序。编辑一般会把素材、氛围或者意境相似的诗收录在同一个部分或章节，便于读者理解。例如，《亲亲的力量》就是按照这个顺序安排的。

第一部分 我们是金氏一家

第二部分 印度炸酱面包派对

第三部分 秋天来了一点点

第四部分 孩子的一切都很神奇

四个部分分别以家庭、日常、自然、孩子为主题。如果孩子看到目录后发现了自己感兴趣的主题，可以先翻到那个部分阅读。还可以根据诗的题目来挑着阅读，这本诗集中有一篇的题目是《吃五花肉的日子》，这样的事也能写成一首诗吗？而《星期天晚上八点五十分》又发生了什么事呢？《关于弟弟我唯一不清楚的事》到底是什么事呢？

《亲亲的力量》

孩子可以在儿童诗集里挑选出自己特别喜欢的一首，标注出来。这是阅读班的孩子们和我都非常喜欢的阅读方法，即使大家都读了同一本诗集，但是每个人选出的诗歌可能都不同。挑选出来后，大家互相讨论自己选择的诗歌好在哪，对诗的理解会更加深刻。

对话方法

3 阅读儿童诗之后应该说什么

说出对诗的感受

阅读班有一项作业是要求孩子们阅读一本儿童诗集，并且从中选出5首自己喜欢的诗。如果没有喜欢的，也可以选出自己最不喜欢或者不理解的诗。唯一的固定要求是一定要选择5首诗，既不能多，也不能少。这样做是为了让孩子自主选择最喜欢或最不喜欢的作品，并思考选择的理由。选择或者淘汰任何一首诗都要有理有据，而找出自己的依据并且对其进行交流就是儿童诗阅读活动的主题。

这样一来，孩子对诗歌的选择会比较慎重，自然会更关注从诗歌中获得的感受。从某种意义上讲，诗歌和读者可以在超越语言所能表达的感官世界里碰面，但是任何感受的产生都是有其缘由的。

如果询问孩子喜欢某一首诗歌的理由，很多孩子刚开始会说“因为很搞笑”“因为很悲伤”“因为很温暖”，等等，有的孩子会在理由的前面加上“不知为何”“只是觉得”这类话。这时候父母就要追问下去，“你为什么觉得好笑？”“你为什么感到悲伤呢？”“是什么给了你温暖的感觉呢？”追问并且鼓励孩子寻找答案，会加深孩子对诗歌的感受。

那么，获取“感受”的依据应该在哪里找呢？答案就是直接在诗中找。诗中新颖别致的拟声词可能会让人忍俊不禁，诗中流露出的作者的心声可能会让人感到悲伤，诗中描绘的风景可能会让人身临其境。

每次孩子们在阅读教室里介绍自己喜欢的诗时，我都会让他们先朗诵，再从诗中选出一两个句子或词语，说说自己的感受。孩子们通过这种方式表达自己的感想时，说出的话更贴近他们内心的真实想法。一个孩子看到诗中被其他人称为“问题儿童”的小孩说的话时大受触动，他对我说：“我一年级的时候也跟他一样。”

东健读了诗集《我想加入足球部》后，选择了其中一首名为《眼色》的诗。诗中写到，弟弟有什么想要的东西时就会大哭，用眼泪向妈妈示威，“环顾妈妈在哪里”。东健说，他最喜欢这句话。

“在我们家里能看到小区的游乐场，孩子们在那里玩耍，摔倒了就会号啕大哭。但是在我看来，他们伤得并不严重。但是就算伤得不重，他们还是会一边看向某个人一边大哭，这让我觉得有点好笑。看到这首诗，我想起了我经常见到的这个场景。”

《我想加入足球部》

和孩子把诗歌中的某一个部分拿出来具体地讨论，获得的感受会更具体。优秀的诗歌不说“假大空”的话，而是用诚恳的文字记录有意义的瞬间，描绘出人生的碎片。东健读了这首诗，应该可以学到，即使是生活中常见的某个瞬间，也可以写成一首诗。以后东健看诗的眼光也会有所变化吧。

说出对诗的分析

文字 文字中的深意

根

成明镇

鸢尾花姐妹们
今年也穿着漂亮的衣裳
打扮得整整齐齐
花瓣之下
慈爱又勤劳的
是一位母亲
（收录于《我想加入足球部》）

这是《我想加入足球部》这本儿童诗集中收录的第一首诗。孩子们读了这首诗，纷纷表示没读懂是什么意思。当我询问诗中有没有不懂的词句时，他们说不明白“鸢尾花”是什么。我找到鸢尾花的照片展示给孩子们，有个孩子马上说：“啊，真的是整整齐齐的呢。”然后我们一起重读这首诗，仔细阅读每一行。

“今年也”这几个字意味着去年或者更早之前它们就在这里开

花了。因为花很漂亮，才说它们“打扮得整整齐齐”。“花瓣之下”是指大地，“慈爱又勤劳”是每年都精心打扮的花朵姐妹们亲手写下的，那么“母亲”是什么意思呢？

“是根吧！根就是母亲。是的，题目也是根呀！”

“诗人为什么说根是母亲呢？”

“就像母亲养育子女一样，根也滋养着鸢尾花。”

“还有根像母亲一样勤劳。”

成灿补充说：“而且根也像母亲一样低调，不炫耀。”

听了这句话，多彬和东健都大受震撼，这是非常宝贵的瞬间。当孩子们意识到诗词中蕴含的深刻含义时，他们对诗理解的广度和深度都达到了另一个层次。

孩子们之所以能够从“母亲”联想到“根”，是因为母亲和根有相似的特征。像这样将一种事物比作其他事物的表现手法叫作“比喻”。比喻一定要自然。如果因为树枝上长出了新芽，就把树枝比喻成母亲，读者很难产生共鸣、收获感动。

读者在诗中找出原意象（母亲）和辅助意象（根）的联系，一边思考这种联系的合理性，一边欣赏诗歌。可见逻辑和感性并不是对立的。

另外，我们通常用“根”来表现生命的根源，民族或家庭的根本。把抽象的概念用具体的事物表现出来，这样的表现手法叫作“象征”。请父母和孩子一起读《龙飞御天歌》[①]中“根深之木，风亦不扤，有灼其华，有蕡其实”这一句，然后一起聊一聊这句诗中根象征着什么，再想一想风、华（花）、实（果实）分别象征着什么。学习象征的表现手法，可以培养抽象思维能力，这也是诗歌送给孩子的一个礼物。

图像 诗歌描绘的画面

花饭

金宥真

樱花树下

开饭啦

唰啦啦朵朵在天空中纷飞的

浅粉色的花瓣

随着阵阵微风沙沙沙

飘落的花雨

①《龙飞御天歌》，是朝鲜王朝世宗李祹在位时所著乐章，是第一首朝鲜文诗歌。

紫菜包饭便当
打开变成了花饭
（收录于《亲亲的力量》）

我和泰勋决定背诵这首诗。第一次大声朗读的时候，泰勋说“唰啦啦”“沙沙沙”这些词很有趣，但是一想到要把这首诗背下来，他就有点担心。所以，我决定先跟泰勋聊一聊怎么把这首诗画出来。

“这首诗表现的是哪个季节呢？”

“是春天，因为花开了。”

“天气怎么样呢？”

“不知道为什么，我觉得是一个大晴天。”

“老师知道为什么，诗里的人不是带着便当出门了嘛。”

“是在郊外（的树下）吃的便当！”

“没错，他们在树下看什么呢？”

“看便当？”

“答对了，但是打开便当盒子以后，作者又说‘随着阵阵微风沙沙沙’，说明什么呢？”

“说明他们在仰望天空？”

“对呀，他们看到什么颜色呢？”

“浅浅的粉红色。”

“因为那时候……”

“刮风了，花瓣被吹落了。”

“那是什么样的情形呢？”

“沙沙沙地下花瓣雨。”

“飘向哪里呢？”

“飘向了他们的便当。”

“所以才说‘紫菜包饭便当打开变成了花饭’。那么，这个花饭会是什么味道呢？”

“大概是紫菜包饭和花朵混合的味道吧。”

在春光和煦的日子里，坐在樱花树下，打开便当盒，抬起头就能看到天空中飘下的花瓣雨。微风轻轻吹拂，花瓣纷纷飘落在了紫菜包饭上，如画的春日美景就呈现在眼前了。诗人通过文字生动地为我们展现了视觉上的画面。一边读，一边回想着诗中描绘的画面，泰勋轻松地背下了整首诗。

读诗的时候，在诗句中寻找看得到的意象、听得到的声音，以及气味、触感，可以学到具体、生动的表达方法。

初春

朴高景

在地面上
咚！
用力一踩
在水中
缓缓走来的
充满生机的初春
（收录于《亲亲的力量》）

读了这首诗有没有想起孩子们大步向前迎接春天的样子？他们走路的声音很大，踩在地上“咚”的一声！可能是因为冬天冻僵的大地已经被春天的阳光融化了，所以初春“在水中缓缓走来”。诗人把声音、触感和心情都生动地传达给了读者。

情绪 诗的意境

提到诗的意境，经常有孩子开始描述自己对诗的感觉。我在演讲时见到的很多大人也是这样。但是在这里我要指出，读者对诗的感觉固然重要，但这并不是诗的意境。

如果只要求孩子自由地欣赏文学作品，凭感觉读诗，孩子就会忽略对作品本身的理解。有些孩子小学时勉强能够理解诗歌，但是在初中或者高中的语文课上，面对诗歌鉴赏就会手足无措，原因就是他们混淆了“诗歌想表达的”和“我所感受到的”。孩子们无法理解考题，于是只能胡乱回答。很多学生会觉得诗歌鉴赏很难，尤其是跟诗歌的意境、诗歌表达的情感有关的问题。当然，读诗并不只是为了解题，但孩子仍然有必要将诗歌想要表达的东西和自己感受到的东西区分开来。

虽然这样解释有些生硬，但是文学作品的意境指的是构成作品的感情基调。诗的意境看上去好像很难把握，但是只要像前文提到过的那样，仔细思考诗歌表达的思想，如实描述出从诗中感受到的情绪，我们就能分析出诗的意境。下面我们来一起感受以下两首儿童诗的意境吧。

第7题

金俊贤

请选出与其他选项无关的答案

虽然是正确答案

但却是唯一一个和别人无关的选项

想想也很孤单

休息时间
我一个人解题
就好像是一个
与全世界无关的人
（收录于《飞翔的方法》）

如果问孩子们《第7题》是什么意境，就会得到“很凄凉”“很孤单”“很伤心”等各种回答，都是和孤独有关的词语。

但是只有一个孩子说“无聊死了”，理由是他觉得解题很无聊。用“我感受到的”东西来分析诗歌，不是鉴赏诗歌的正确方式。

《飞翔的方法》

诗中的“我”在解答“选出与其他选项无关的答案”时感到孤独，是因为“我”独自一人在解题。最后一句“就好像是一个与全世界无关的人”表达了“我”深深的孤独感。这些情绪都藏在诗的字里行间。

我的梦

金洁美

我的梦想是当饲养员
凶猛的狮子
我要养上几头
和电线杆一样高的长颈鹿
我要看着它的眼睛和它聊天
猴子的屁股像红苹果
和西瓜一起长大
蟒蛇一顿饭吃掉六只兔子
我要把它缠在脖子上玩耍
我的梦想是当饲养员
徒手抓上一把斑马便便
（收录于《无语的家伙》）

这首诗的意境怎么样？孩子们都说“很有趣”“很好玩儿”“朝气蓬勃”。这样说的理由是“因为太夸张了”（说要和长颈鹿对视，把蟒蛇缠在脖子上玩儿），“因为屁股这个词太搞笑了”，“因为他说要养好几头狮子”，等等。我喜欢这首诗的最后一行，所以正在背诵。可能这句话给人的感觉很臭、很脏，但是我觉得好像没什

《无语的家伙》

么大不了的，而且徒手抓斑马便便太酷了。中间反复出现的“我要……”可以让读者感受到“我”强烈的愿望。由此可见，我们从诗句中可以找到关于意境的线索。

读后活动

4 阅读儿童诗之后应该做什么

尝试写一首诗

阅读班有一项活动，虽然简单，但是孩子们都很喜欢，就是大家用读过的诗歌的题目来写一首自己的诗。老师事先会规定诗的主题或要使用的表现手法，因为适当的限制有时反而能激发

- 以《口袋》为题写一首诗，诗中要有“鼓鼓囊囊”一类的描写形状的词。
- 以《初春》为题写一首诗，诗中要包含声音或触感一类的感官描写。
- 以《我的梦》为题写一首诗，要用到“我要……”的排比句式。

孩子的创意。

不太会写诗的孩子可以选择诗中喜欢的词或句子，写一篇短文章。

- 读《花饭》，写一个包含“唰啦啦”的句子。
- 读《第7题》，写一篇用“变得孤独”结尾的文章。
- 读《我的梦》，写一篇文章，文中至少要提到狮子、长颈鹿、猴子、兔子、蟒蛇、斑马中的两种动物。

培养思考能力的童话阅读法

1 阅读童话帮助孩子整理思路

我们常常让孩子谈谈自己的想法，但是提纲挈领、整理好自己的想法并表达出来，即使对于大人来说也不是一件容易的事情。有想法但不知道如何表达的烦恼并不是孩子才有。

为什么脑子里明明有很多想法，但就是说不出来呢？有可能是因为你的想法不够明确，或者是一时之间不知道该按照什么顺序表达；也有可能是找不到合适的词汇。口头表达是一种向其他人传达自己想法的方式，不是简单地为说而说，而是为了整理自己的思路。用对话式亲子阅读法读童话，可以帮助孩子整理思路，锻炼口才。

阅读一本童话，只要让孩子简单概括一下故事情节，就能够判断孩子是否理解了故事内容。父母可以针对故事中的细节和孩子进行探讨，但不要像给孩子出考题一样进行询问。不要问孩子和故事的主要矛盾或者核心事件相关的问题，可以让他通过回想加深对内容的记忆。这样的练习也可以让孩子知道读书时要重点记住哪些部分。

长此以往，孩子就能够带着问题读书，并且通过阅读解决自己提出的问题。“后面会怎么样呢？”“为什么要这么说呢？”“这个情节和前面的情节是怎样连接的呢？”如此，孩子阅读时精神会更加集中，理解能力也会相应提高，进而更能感受到阅读的乐趣。另外，练习概括故事情节还能帮助孩子学会灵活运用各种词汇进行造句。最重要的是，练习概括出故事情节，对掌握文章中心思想也有帮助，因为中心思想往往是通过故事的主要矛盾和核心事件体现出来的。

童话里的人物和故事背景也是寻找中心思想过程中需要关注的要素。正如前文说的，每个人物说的话，做的事都有其理由，思考故事中的人物说的话，你就能知道作者想表达什么。童话故事大多能反映出故事写作时的时代背景和社会环境。作者之所以将故事设置在特定的时间和空间中，有其必须这么做的理由。

我们可以赞同作者表达的想法，也可以有不同的看法。把自己的想法和作者的想法进行对比，这个过程也很有意义。鼓励孩子在读书之后整理语言，说出自己的想法，能帮助孩子厘清自己的思路。

儿童文学家佩里·诺德曼说：“文学的乐趣就在于交流，既是读者和文学作品的交流，也是读者和读者之间关于作品的交流。”（选自《儿童文学的乐趣》）在童话的世界里，孩子和孩子、孩子和父母都可以面对面交流。如果父母想提高孩子的阅读能力，我一定会嘱咐两点：第一，尽量和孩子一起阅读。虽然父母很难和孩子一起读完所有的童话，但是如果想和孩子深入交流，那么一定要尽可能地一起阅读。如果实在没办法，那就让孩子把故事讲给你听，带着睡前聊天的心态去听就可以了。

第二，孩子和大人的认知水平不同，孩子理解童话的内容没有大人那么轻松，需要更多的时间来理解主题。比起孩子，大人读过更多书，经历更丰富，思考的事情也更多。孩子们经验少，阅读会更加困难，但这并不意味着他们没有阅读能力。父母需要多一些耐心，可以适当督促他们，但不要小看他们。

阅读方法

2 怎样阅读童话

童话字数多难理解？这是误解！

大部分孩子在小学一、二年级的时候就开始阅读童话书了。这个年龄的孩子已经熟悉了文字，在学校里也要看课本。看起来他们好像已经做好了阅读的准备，但是他们却对童话书提不起兴趣，这是为什么呢？

我在见面会上遇到的很多父母都说："孩子因为童话字多，所以懒得读。""孩子喜欢我们念给他听，让他自己读他就觉得烦。"但我却不这么看。

童话和绘本的本质区别不是文字量，而是写作方式。如果说童话是"用文字写的"，那么绘本就是"用图画写的"。就像阅读绘本时要欣赏和看懂图画一样，阅读童话书的时候也要从文字中

获得感受和想法。

童话用文字讲述故事。童话书里的图片是为了帮助读者理解故事情节或者制造氛围而插入的，也就是我们所说的“插图”。但是无论有多少插图，图画的作用终究是有限的。

换句话说，绘本和童话之间本就没有什么必然的联系。但是有大人会觉得，孩子只要看得懂绘本，自然就会喜欢童话。当然，如果孩子非常喜欢看绘本，那么他喜欢童话的可能性会更大，因为他已经养成了阅读的习惯。

还有，孩子识字并不意味着就能够理解文章。孩子需要经过练习，才能理解词语、故事情节和故事的含义。孩子要思考自己读过的内容究竟是什么意思，在脑海里描绘出画面，确认自己对故事的理解是否正确，保持这样阅读的习惯，才能培养出阅读的能力。

孩子懒得读童话，是因为他们觉得思考很难，而思考恰恰是阅读过程中必不可少的。那么，给不爱读书的孩子推荐插画很多的童话书可以吗？答案是，这样做会让孩子养成依赖图片阅读的习惯，长此以往，对孩子理解文字写的故事帮助不大。

如果孩子理解不了文字写的故事，就应该多练习文字阅读，即使只能读篇幅很短的文章，也要试着去读。孩子读不下去的时候，也可以由父母大声读给孩子听。

特别是低年级的孩子，父母最好多给他读。通过听比自己更熟练的读者朗读，孩子可以学到阅读的方法。“倾听”本身也是生活和学习中一种不可或缺的能力。如果孩子喜欢父母读给他听，那就一直读给他听。

这样，孩子仅凭文字就能沉浸在有趣的童话故事中，由此打开了阅读新世界的大门——不是孩子心中属于绘本的世界进化了，而一个新的世界诞生了。这个新世界虽然只有文字，但比图画更生动，是一个自己在脑海中构建的，只有自己知道的独一无二的世界。

《了不起的吉莉》是一本完全没有插图的书。决定和四年级的孩子们一起阅读这本书时，我有一点担心。但是，我也害怕如果自己的担心被孩子们知道，他们也会慌张，所以我没有特意对他们说这本书没有插图。不过读完这本书，世军、东骏和多恩都和我说这本书很有意思，根本没有提没有插图这件事。直到我问他们“这本书没有插图，读起来难不难”，他们才注意到。

“不是的，好像有插图。啊，原来只有封面上有图片！”

“我读的时候压根儿没注意到没有插图！”

“比起其他书，我读这本书的时候脑海里更有画面感。可能是因为只有文字，所以作者故意描写得很详细。”

“老师不是这么想的哟。一本童话书里要不要插入图画，一般都是在故事写完以后才决定的。书里没有插图，你们读的时候就会自然而然地在脑海里想象故事的场景，所以会觉得更生动有趣。”

孩子们都非常震惊。虽然我们四个人脑海中想象的画面都各不相同，但即使如此，也不影响我们对《了不起的吉莉》展开讨论，交换意见。

孩子一边阅读童话，一边在文字的世界里和作家进行思想碰撞，把自己的想法和作家的想法进行对比。阅读后，和其他读者彼此分享感受。就这样，孩子们在阅读童话的过程中，逐渐进入了文学世界。

和童话中的人物产生共鸣

童话是故事，故事给我们带来了“间接体验”的机会。正是因为有了故事，我们坐在座位上就能神游世界各地，安全地享受冒险，轻松地穿梭于过去和未来，了解这个世界是怎样运转的。更神奇的是，通过阅读故事，我们可以进入别人的内心世界。

在优秀的童话故事里，包括主人公在内的所有人物会因为不同的经历而出现不同的想法和行动。孩子可以一边阅读童话，一边体会故事中人物的心境。阅读童话的时候，孩子有时会遇到完全无法理解其行为的人物，这是一件好事。因为当孩子读完童话后会明白，那个人那样做也有他自己的理由，进而能够接受那个人物，这就是“共情”。

共情能力是指设身处地地理解他人情感的能力。只有抱着想要理解他人的想法，才能真正地与他人产生共鸣。拥有这种能力的孩子也更容易被其他人理解，从而建立良好、和谐的人际关系。

童话故事反映的各种主题可以让孩子对世界和自己未来的人生充满期待。比如，主人公战胜困难，勇往直前的故事；让人思考家庭真正意义的故事；打破对少数群体的偏见，让人反思人性的故事；让人思考时代和社会问题的故事……阅读这些故事可以帮助孩子培养判断对错的能力，获得勇气，鼓励他们去追求有价值的人生。

好的童话能将这些主题巧妙地融入故事中，所以读懂童话中的故事情节是寻找故事主题的前提。

对话方法

3 阅读童话之后应该说什么

故事梗概

理解故事并概括地讲出来

出人意料的是，现在还有很多人对读了童话之后要整理故事情节这一点有所怀疑。大概是因为一些读书节目总是强调“写作时不要只写故事情节，要多论述自己的想法”，另外很多写作指导书中也是这么说的。多剖析自己的想法和观点确实是正确的，但这并不代表作品内容不重要。仅凭主观想法也写不出精彩的文章，要想自己的感受和想法具有撼动人心的力量，就要有适当的依据来支撑自己的观点。那么，如何在童话中找到这个依据呢？答案就在故事情节中。

概括故事情节并不是记流水账一般记录详细内容，或简单地缩写整个故事，而是把握故事整体走向，摘出故事中重要的内容。要做到这一点，需要理解并找出故事的主要矛盾，厘清事件的先后顺序以及登场人物的特征。

父母可以试着和孩子一起整理一篇童话的故事梗概。《说谎精》讲述的是因为三神奶奶[①]的过失而变得听不懂话的小孩顺德的故事。当我们读完这篇童话，整理故事情节时，一个孩子说顺德没法和朋友们好好聊天是因为听不清别人的话。我重新问他："到底是因为听不清呢，还是听不懂呢？"这次他仔细思考了一会儿，回答说"是听不懂"。这个孩子就是因为没有弄明白"听清"和"听懂"的区别，所以无法理解故事的核心内容。遇到这种情况，我们要和孩子一起重新阅读故事，否则讨论作品的内容根本没有意义。

《说谎精》

在整理故事情节的过程中，孩子还可以学到提取重要内容的

①韩国神话中保护孕妇和胎儿的神。

方法。如果读了一篇童话之后立刻让孩子们写故事梗概，他们会觉得无从下笔。这时大部分孩子都会从自己印象最深刻的场景开始写，那些和主线故事无关的荒唐怪诞的内容就会占据大量篇幅。

例如，在《说谎精》中，老鼠变成爆米花爷爷，“嘭”的一声打通了顺德被堵住的耳洞的场景是孩子们最喜欢的情节——但这个部分并不是故事的核心。因为耳洞打得太“大”，顺德连小动物的话都听懂了，却因此被朋友们取了“说谎精”的外号——这个部分更重要。整理故事情节前，孩子要先掌握整个故事的核心，这样才能把故事梗概和作品要表达的主题联系起来。

好的故事梗概本身就是一个完整的故事。孩子要学会着眼于整个故事，在其中选择重要的内容，再按照事件发展的顺序完整地梳理故事情节，这样重新整理出的故事才能真正成为孩子自己的东西。概括能力不仅有助于孩子阅读童话，而且在孩子理解晦涩的内容或处理大量信息时起重要作用。当然，概括能力也是学习能力的一种。

三种整理故事梗概的方法

词汇 寻找核心词汇

上二年级的贤成说他很喜欢看书。他的父母也很欣慰地告诉我：“这孩子最喜欢泡在图书馆里，常常捧着书看不够。”贤成读书虽然多，但是如果让他讲一讲书中的内容，他就说不出来了。为了培养孩子的表达能力，父母把他送到了我这里。

但是我在和贤成聊天时发现，贤成的问题不是表达能力不好，而是他对故事情节的理解出现了偏差。询问他故事中的具体内容时，他常常猜测着回答。可能是因为主人公做某件事的理由他记不清楚了，也可能是他读书时不够聚精会神，但更重要的是，我了解到贤成阅读童话时将大部分注意力放在了插图上。童话书中的插图不像绘本中的图画那样能够展现连续的情节，所以他无法完整地掌握故事内容。

这样看书确实速度很快，也没什么压力，因此很多孩子喜欢读书，也读了很多书，但却没有真正理解故事的内容。而且据我所知，这样囫囵吞枣式看书的孩子并不在少数。

有的孩子连故事的某个情节都理解不到位，在这种情况下，与其让孩子概括整个故事，不如先确认孩子究竟有没有理解故事内容。但是如果孩子每次一读完书，父母就提出一连串问题，很容易让孩子讨厌读书。在阅读班里，我一般会开展“寻找核心词汇”活动。在准备介绍自己读的书时，孩子们自然会想到从书中寻找要用的词汇，这时父母可以让他们把词汇记录下来——词汇的数量可以根据书的字数和孩子目前的识字水平来确定。然后再让孩子们练习尽可能用更少的词汇来介绍故事内容。

我和贤成一起阅读《壁橱里的冒险》时，决定在书中找出7

个核心词汇并记录下来。这本书讲述了在幼儿园里闯祸的悟智和明哲被关进壁橱后，一同对抗鼠外婆的冒险故事。后来，老师把悟智和明哲从壁橱里放出来，还向他们道了歉，他们两个成了其他孩子的英雄。这本80页的幻想童话是低年级孩子最喜欢的书。读完这本书，贤成说只找7个词汇不够，他一共找了12个。

壁橱 鼠外婆 老师 小老鼠 孩子们 汽车

火车 樱花幼儿园 担心 照料 睡衣 想象

我告诉贤成，核心词汇如果太多，介绍故事内容时语言就会变得零散。贤成最后决定在这些词汇中重新选出和故事情节联系更加紧密的词汇。像“樱花幼儿园”，虽然这个词是整个故事发生的地点，但是幼儿园的名字本身并不那么重要。“睡衣”是明哲身上穿的衣服，他因为在午睡时间和同学闹别扭受到惩罚，故事发生时一直穿着睡衣。插图中明哲身上的睡衣给读者留下了深刻的印象，但是这个词和故事主要情节的关联不大，可以删掉。“照料”和“想象”也都和故事情节关系不大，只是贤成的感受，因此他决定不采用这两个词。这样一来，就剩下8个词了。

老师 孩子们 壁橱 鼠外婆 小老鼠 汽车 火车 担心

下面就是最重要的部分，把这些核心词汇串联成一段话。贤成说话时有“然后……”“后来……”的口头禅，而我的任务就是在孩子口头叙述时引导他在适当的地方断开，帮助他调整语序，这样更容易把故事情节讲得清楚明了。

“孩子们在午睡时间闹别扭，于是老师把他们关进了壁橱里。但是壁橱里有鼠婆婆，又有小老鼠追赶他们，于是孩子们坐着汽车和火车逃跑，一边跑一边战斗。后来老师在壁橱外面觉得担心，其他孩子也担心悟智和明哲，所以他们被从壁橱中放了出来，老师向他们道了歉。后来幼儿园的孩子们都跑到壁橱里面去玩。我觉得这是一个想象力很丰富的故事，故事的两个小主人公悟智和明哲从一开始闹别扭到后来互相照顾、互相体谅，这一点真的很棒！”

“说得真好！听了你的介绍，没读过这本书的人一定非常想亲自读一读。贤成，你现在心情怎么样呢？”

“心情超棒！”

“寻找核心词汇”能让孩子读书时把注意力集中在文字上，帮助孩子记住故事中的重要情节，让孩子口头叙述时有话可说，写作时有故事可写。父母可以通过让孩子寻找核心词汇并把它们串联起来来练习概括故事情节的能力。

起话头和接话茬 帮助孩子找话题并将话题进行下去

在交流中，如果父母可以帮孩子找话题，并引导孩子围绕话题聊下去，孩子会更容易用长句来描述自己的想法。把聊天中说过的和故事情节有关的话写下来，整理后就是故事梗概了。比起枯燥的一问一答式，这种方式参与度更高，对孩子来说压力也小。

我和贤成一起整理了《吃书的狐狸之故事小偷》的故事梗概。下文画线的部分是贤成的原话。

1. 狐狸叔叔最大的特点就是吃书。

2. 狐狸叔叔的职业是作家，他亲自写书，他写的书最好吃。

3. 狐狸叔叔的好朋友是闪耀叔叔。

4. 最近发生了一件什么事呢？狐狸叔叔家失窃了，他的故事素材收集手册和那些奇思妙想都不见了。

5. 狐狸叔叔为了抓住小偷来到地下世界，图书馆管理员帮助了他。

刚开始的时候，我问："最近发生了一件什么事呢？"贤成回答："书一本都没有了。"显然，他答错了。首先，消失的不是普通的书，而是记录了很多故事素材的手册。不仅如此，所有对写书有帮助的东西都跟着不见了。而且说"书全都不见了"比说"书一本都没有了"也更准确。类似的情况还有不少。

如果一下子就把完整的故事情节写下来，无论是我还是贤成都会觉得吃力。孩子很容易失去学习的欲望。而以句子为单位，一句话一句话地总结，对孩子来说就容易多了，也方便父母及时纠正孩子的错误，好让孩子后续进行总结的时候避免之前犯过的错误。

另外，事先和孩子确定好交流话题，孩子的思路就会更清晰。先口头叙述，再把说过的内容写下来，压力也更小。这时父母别忘了提醒孩子把写下来的内容大声朗读一遍。智武今年读四年级，是一个读书很仔细的孩子。但是概括故事情节的时候，他经常会因为讲了太多细节而偏离故事的主干。给大家讲故事时，每当智武又开始反复讲同一个情节或是偏离主题的时候，我会这样提醒他："正在这时""突然""这次……""然后……""幸好……""最终……"这样做也可以防止听故事的人分心。

有些父母在教育孩子时强调独立完成，或是为了得到有创意的结果不管什么都要孩子自己做。大体上，我认可这样的教育理念，但是有时积累经验比得到结果更重要。

照着别人做过的做也好，求助老师或父母也好，让孩子先体会一遍完成某件事的全部过程，以后他才能更好地独立完成更多的任务。和学习其他技能一样，学习阅读、交流、写作也需要帮助和指导。

故事山 用“故事山”解释什么是故事结构

世珍今年上五年级，她每周都要读好几本书，即使学校和兴趣班的课程很多，她也要挤出时间来读书。世珍的妈妈也曾欣慰地对我说，有时她以为孩子已经睡了，却没想到孩子在被子里借着小台灯的光看书。还有一次他们和朋友一家一起出去旅行，世珍也和大家开心地玩水，休息时间却一个人躲在休息室里看书。朋友的妈妈问世珍：“不要休息一会儿吗？”世珍回答说：“我是在休息呀。”世珍在学校的成绩也很好。我告诉大家这件事，一定会有人觉得，因为世珍读了很多书，所以她知识储备很丰富，才会成绩好。但实际上，世珍读的大部分都是故事书。世珍喜欢童话，尤其喜欢长篇童话。她跟我说，当有很多书要读时，她会把故事最长的一本放在最后，因为最喜欢。

“故事越长越有趣呀！”

这就是为什么她认为读书就是休息。对世珍来说，比起手机游戏、短视频、漫画书，童话故事更有趣。

读童话的关键就是获得乐趣。故事越长，背景就越详细，人物就越立体，读者就越容易投入。另外，事件越是错综复杂，结局就越难以预料，阅读中获得的乐趣也就越多。正如世珍所说，故事越长越有趣。

但是长篇童话往往很难整理故事梗概。并不是因为篇幅太长，而是因为情节太复杂，优秀的作品大多如此。因为人物和事件紧

开端
发展
危机
高潮
故事山

密地交织在一起，所以有很多需要补充说明的部分。有时故事中的支线也很精彩，反而让人很难准确地挑出主线事件，这种情况更需要孩子耐心地整理。通过梳理线索、整理情节，孩子可以弄清楚自己读的究竟是一个什么样的故事。

所以，了解“开端—发展—危机—高潮—结局”的故事结构对孩子们很有帮助。我向高年级的孩子们提起这个故事结构时，他们大多兴致缺缺地表示在学校学过这个知识，但是感觉很难理解，没什么意思。其实这些孩子没有弄明白这些术语都是什么意思，也分不清楚它们的前后顺序，所以让他们用这个结构来梳理故事情节的确很难。为了让这个知识点显得有趣，我在阅读班里改用“故事山”来给孩子们解释什么是故事结构。

“开端”是登山路的入口。在这里，我们大致知道了山的位置，也可以猜测山大概的样子，但还不能确切地知道山的全貌。我们只是一边思考这座山爬起来是容易还是困难，一边环顾四周，然后开始登山。如果爬着爬着忽然天气不好，或者发现自己不喜欢这座山的景色，也可能会中途下山。总之，过了入口才能决定要不要继续走下去。开端是故事的开始，如果孬夫和兴夫[①]和睦相处，就没有后面的故事。正因为孬夫狠心把兴夫赶出了家门，故事才拉开了帷幕。

① 韩国传统文学《兴夫传》中的两个主要人物。

“发展”是悠闲地爬山。一路上你可以欣赏青翠的树木，听小溪潺潺的流水声。“这座山有很多奇绝的岩石！”“刚才好像有一只小松鼠从那边跑过去了！”你可以像这样一边观赏周围的风景，一边悠闲地登山。有时你会被岔路的景色吸引，有时会因为山路坎坷略有担忧，但还是会带着对这座山的好奇继续攀登。在这个部分，故事已经正式开始了：贫穷但善良的兴夫救了一只小燕子，帮它包扎受伤的腿，燕子给了他一粒葫芦种子作为报答。

“危机”是爬山时突然出现的困难。爬着爬着，你的眼前忽然出现了上百个台阶。腿已经疼得抬不起来，你气喘吁吁，但此时你已经不能回去了。危机，顾名思义，就是产生危险的时刻，孬夫把燕子没有受伤的腿折断了，后面会怎么样呢？只能继续关注故事的走向了。

“高潮”就是山顶。要爬过很多台阶，经过险峻的山岩，你最后才能来到山顶。在这里能俯瞰你走上来的整条路。站在山巅，你可以饱览远处的风光，也几乎能看到这座山的全貌。高潮是故事矛盾最激烈的部分。故事的高潮中往往包含着作品的主题，也就是作家本人想说的话、想传达的观点。孬夫也从燕子那里得到了一粒种子，他和妻子把种子种了下去。种子发芽长大，结了一个葫芦，但这个葫芦里面会涌出各种可怕的东西。

“结局”是下山路。上山时沿途一路欣赏美景，下山时心境有所不同，难免步履匆匆。下坡路要让人走得轻松，要让人觉得这次的经历有意义。结局是矛盾与冲突的消解，也是事件的结尾部分。作者会安排适度的赏罚，让读者满意。从葫芦里出来的妖魔狠狠地教训了孬夫，故事就结束了。孬夫受到了惩罚，但我不想看这个部分太久。因为哪怕是很有意思的电视剧，结尾拖得太长也会变得无聊，所以有些故事的高潮和结局会放在一起。

利用“故事山”熟悉了故事结构以后，父母可以让孩子试着概括类似《兴夫传》这样家喻户晓的故事，当然，先用图画书来练习也可以。如果孩子还是觉得难，可以去掉“开端”“发展”这样的字眼，只画一座“故事山”来梳理情节，只要孩子明白故事是如何展开的就好。让孩子在“故事山”上简单地标记故事内容，最后看着图叙述一遍。

碰到复杂的事件或者人物关系，父母和孩子可能会就如何区分故事结构中的每个部分产生分歧。这时你们可以先来到山顶，也就是故事的高潮部分，让孩子自己选出最惊险的场面、即将爆发矛盾的场景、与众不同的场景和与结局相连的场景，认真思考，就不难找到答案了。

《秀一和秀一》

《秀一和秀一》讲述了秀一为

了偷懒，把自己不想做的事交给老鼠做。他用自己的指甲喂老鼠，制造了一个假秀一，却被假秀一从家里赶走，受到种种欺凌。假秀一的脸刚开始很模糊，后来越来越清晰，使得真正的秀一陷入困境，这让读者也跟着故事的发展紧张不已。这时，故事已经来到了高潮部分。

阅读班的孩子们刚开始把真秀一被假秀一赶出家门的情节选为故事的高潮。但是当我让孩子们找像山顶一样最惊险的场景时，一部分孩子提出应该把真秀一和狗狗德实被变成了老鼠这个情节当作故事的高潮。于是两拨人决定各自整理故事结构，再来讲述故事如何一步一步走向高潮，以及高潮部分过后是如何继续进行的。最后多彬、东健还有成灿和我的想法差不多。

开端	秀一用自己的指甲喂老鼠，制造了一个假秀一。
发展	假秀一去上补习班，真秀一出去玩。
危机	家庭旅行回来后，假秀一开始“鸠占鹊巢”，威胁真秀一。真秀一和狗狗德实离开家，去寻找野猫。
高潮	真秀一和德实被假秀一变成了老鼠。
结局	多亏了野猫，真秀一重新变回了人类。他和狗狗德实、野猫铃铛一起，向假秀一发起挑战。

但是作者为什么要让秀一变成老鼠呢？正如孩子们所说：“作者想让我们也站在老鼠的角度想一想。”《秀一和秀一》是一个让

孩子思考“为什么我是我”的故事，就像假秀一想要弄假成真，彻底取代真秀一的时候，真秀一开始苦苦思考如何才能证明自己的身份一样。如果孩子不能理解故事深层次的含义，只是简单地讨论真秀一为了偷懒、躲避自己的责任而制造一个假货代替自己，这种行为不好，或是假秀一居心叵测、妄图占据别人的位置和身份，这样的人更坏，根本没有意义。

读过《秀一和秀一》的孩子们大都对故事的结局不太满意，虽然故事很精彩，但是结局在他们看来有些遗憾。

“真希望故事最后是大家把假秀一赶走啊。”

“或者就算不能把假秀一赶走，来一场真假对决也行啊。”

“我有点好奇假秀一还有什么鬼把戏没有使出来。”

“对呀，他刚开始还想变回老鼠，结果突然就改变想法了。”

“所以在家庭旅行的时候，发生了什么事让假秀一变了呢？”

“估计这故事还有后续。”

实在是意犹未尽，孩子们干脆决定自己来续写故事。续写故事当然也要依据“开端—发展—危机—高潮—结局”的结构来写。实践是检验理论的最好方法。开始续写后，孩子们都很开心，感觉自己真的成了大作家。

续写故事也是我们经常进行的读后活动，我通常让孩子们先画“故事山”，这能让续写出的故事更有条理性、逻辑性和可读性。孩子们将《秀一和秀一》原本的结局——秀一和狗狗德实、野猫铃铛一起向假秀一发起挑战作为续篇的开端，开始写自己心目中的故事后续。

成灿这样续写故事的发展：在野猫铃铛面前，秀一的朋友们也都变成了老鼠。原来，被老鼠取代的孩子不止秀一一个。在东健设定的高潮中，大家发现假秀一原本是一只老虎，它吃了老鼠爪才变成了老鼠——竟然还有隐藏的故事线！多彬不喜欢《秀一和秀一》的开放式结局，但是他自己续写的故事竟然也是开放式结局：经历了一系列冒险的秀一，在回家的路上听到旁边有个孩子说："唉，我真的太讨厌去上补习班了，如果有人能替我去就好了！"

"故事山"是帮助孩子理解故事结构的工具。让孩子学会搭建故事结构有很多好处，比如，在阅读班介绍自己读的书时，孩子们可以用有趣的方式讲出故事的开端。因为如果只是告诉别人这本书很有趣或者很悲伤，是无法引起别人阅读的兴趣的。不过也不能透露故事的主要情节，以免别人阅读的时候失去兴趣。

"《地球行星报告书》讲述了外星人降临地球的故事。外星人到了地球以后，发现地球上竟然有和他们很相似的种族，就决定模仿这种生物在地球上生活。当然啦，我是不会告诉你是什么生物的。"

"《喝月亮的女孩》是一本幻想童话。女巫收养了一个人类小女孩，从那以后女巫也有了秘密，小女孩也有了秘密。"

有一次，建宇给大家介绍《长寿万岁》时，说着说着停了下来。

“啊，这本书的开端就像是一个精彩的故事。一开始就发生了一件大事……啊不，真正的高潮其实在后面。这本书的起因是惠秀在阳台上向下俯瞰，结果不小心掉了下来，掉到了阴间。”

建宇虽然只讲了故事的开头，但是我们已经可以看出，他对整个故事的理解都很到位。

人物

孩子们读的童话是虚构的，这一点和大人们经常看的小说是一样的。根据我自己多年的阅读经验，这类文学作品的一大特征就是塑造了“有魅力的人物”。请大家回想一下，《长袜子皮皮》《绿山墙的安妮》《海蒂》《汤姆·索亚历险记》《匹诺曹》，这些童话都是以主人公的名字命名的。

童话中人物的语言和行为都和自身性格相符。作者要为人物赋予鲜明的性格特征，这样发生了某件事后，人物就能顺理成章地产生某些语言和行为，这样写才能吸引儿童读者。

日本知名绘本和漫画作家柳濑嵩创造出了“面包超人”这一经典角色，他曾说：“孩子们会毫不留情地把他们不喜欢的书扔掉。”这对于作家们来说大概是最残酷的事了。因此，作家们要想尽办法写出吸引孩子们的故事。

作者通过事件传达故事主题，事件围绕人物来展开，所以理解童话故事中的人物对孩子们非常重要。我在组织孩子们进行读后活动时，经常会让他们选出书中最喜欢的人物，或是写一写“如果我是主人公我会怎么做”，或是让他们扮演小记者采访书中的主人公，再扮演主人公回答自己提出的问题。

如果孩子不能理解故事中的人物，让他们选择最喜欢的人物就没有多大的意义。另外，如果不观察人物的行为，找出他行动的动机，就很难和这个人物产生共情。我让孩子们自己扮演主人公和记者来采访，就是为了让他们理解人物的心理。

找到描写人物性格的词句

请父母和孩子一起读一本童话，并让孩子找出表现书中人物性格的词，如“堂堂正正”“细致入微”“自由自在”“固执己见”“懒散”“急躁”“有责任感”等。这样的交流能帮孩子理解人物性格，也能培养孩子的口语表达能力。告诉孩子不要对人物进行感性的评价，而要客观准确地描述人物本身。例如，与其说这个人物性格糟糕，不如说他喜怒无常。当然，孩子可以在总结之后再进行感性评价。

表达能力不太好的孩子经常会犹犹豫豫地说：“我不知道那叫什么，该怎么形容。”这时我会告诉他们：“你可以尝试分析人物性格，一样一样地说。先从书中找一找相关的形容词，老师来和你一起找找看吧。”

读完《维京小英雄》，智武说维克的父亲霍瓦是做一件事就认死理、不听别人意见的固执性格。智武概括得很好，并且还学会“固执”这个词，这时趁机教他固执的反义词——开明、灵活等，可以增加他的词汇量。有趣的是，主人公小维克就很灵活。通过对比这两个人物不同的性格，孩子可以弄清楚他们各自的特点。

父母可以让孩子先尽可能多地写出能够展现人物性格的词，再在这些词中进行选择，最重要的是让孩子学会使用这些词来进行交流。

找到并说出能体现人物内心想法的部分

在日常生活中，我们的表情、语气、行为都会暴露我们内心的想法，童话故事中的人物也一样。在《爱丽丝梦游仙境》中，作者不会直白地说爱丽丝是一个好奇心旺盛的小孩，但是从她毫不犹豫地跟着兔子钻进地洞来看，她的性格一目了然。越是具有文学性的作品，就越不会出现“孤独”“开心”这样直白的词汇，作者更倾向于使用生动、细腻的描写来展现主人公的心情或想法，这也是作者匠心的体现。寻找这些精彩的表达方式，也是读童话作品的一大乐趣。

父母可以让孩子寻找故事中能够体现人物内心的词和句子，大声朗读并说出自己的感受。《卢卡—卢卡》讲述了帕尼和自己同班同学卢卡坠入爱河的故事。作者没有因为是小孩之间的恋爱就描写得很幼稚，也没有写成成年人的恋爱。作者从帕尼的视角仔细地描写了两个人从产生暧昧到相知相恋，再到失恋，并最终接受了离别的过程。我决定和六年级的孩子们一起读这本书，并且找出书中帕尼喜欢上卢卡的部分重复读一遍。书中从头到尾都没有出现“我非常喜欢卢卡”这样的表述，但是我能读懂帕尼的心意。不知道孩子们有没有体会到。不过，每当我让大家找一找能表露帕尼对卢卡的心意的句子时，大家都会不知不觉地脸红起来。在读到帕尼痛苦地和卢卡分别的情节时，孩子们会低声叹息。如果大声朗读离别时刻的描写，会有别样的感动。父母可以让孩子在选出原文中的句子后说一说自己的感受，再重复朗读原句，体会其中的情感。

找到并说出能体现人物性格变化的句子

随着故事的发展，人物的内心、观念和性格都会发生转变。《了不起的吉莉》中的吉莉被迫辗转于不同的寄养家庭，这使她逐渐关上了自己的心门，开始冷酷地对待周围的人。她不讲礼貌，做出让身边的人也不喜欢她的行为。在和心地善良的特罗特太太和小威廉·欧内斯特一起生活后，吉莉内心的坚冰开始融化。

刘浩说这本书很精彩，但是有一个地方有点奇怪：教别人打架不是一件好事，可为什么吉莉教威廉·欧内斯特打架的时候看起来那么兴奋呢？

“你为什么觉得吉莉心情很好呢？”

《了不起的吉莉》

“因为她说‘虽然我也是第一次教人打架，但感觉还真不错’，而且不管特罗特太太说什么，她都没有一点羞愧的表情。”

“对，而且书里还写了她和特罗特太太解释为什么要教威廉打架。”

“嗯，他（威廉·欧内斯特）自己也说他要学着保护自己。”

“对呀，而且你想想看，吉莉不是那种谁被欺负都会打抱不平的人，她为什么那么在意威廉·欧内斯特呢？”

“是因为挨打会很疼？”

“可是她之前生活的那些寄养家庭的孩子挨打也一样会疼吧。”

“那倒是，但是吉莉现在不是在关心家人嘛。”

“说对了！就是关心家人，她变得爱护自己的家人了。”

“所以她才教威廉她自己擅长的本领，这是她在表达她对特罗特太太一家的心意吧？”

“那你觉得她这时的心情应该是怎样的呢？”

“心情应该很不错。”

父母可以和孩子一起找出体现人物行为转变或者性格变化的部分，大声地读出来，并按照改变前和改变后归纳人物的行为、语言或性格，进行对比和说明。另外，我也会和孩子们一起寻找促使人物发生转变的原因——作者会在故事中留下线索。在《了不起的吉莉》的第一个场景中，吉莉嘴里嚼着口香糖，做出各种讨人厌的行为。随着故事的发展，她逐渐理解了家人和邻居，接受了自己，并且坚定了今后要走的道路。和孩子一起回顾一下吉莉为什么会发生这样的转变，孩子就能认识到来自周围人的正面、积极的影响有多么重要。要像吉莉一样鼓起勇气敞开心扉，或是像吉莉身边的人一样用爱和责任照顾孩子，都是作者想要说的话，也是故事的主题。

把握人物之间的关系

我和六年级的孩子们一起读的《黄瓜国王》是一部非常复杂的作品，几乎所有的情节都包含矛盾和冲突。沃尔夫家里出现了一位不速之客，他自称是国王库米奥利二世，出身于楼梯里顿家族，请求在沃尔夫家里“政治避难”，故事由此展开。黄瓜国王的出现带来了接二连三的麻烦，沃尔夫家中潜藏的矛盾也逐渐浮出水面，人物之间的冲突越来越清晰。沃尔夫的父亲和黄瓜国王暗中勾结，制订了消灭库米奥利地下王国的计划——这一情节将故事推向了高潮。故事的结尾是，沃尔夫的父亲得知了黄瓜国王做这些事情背后的真相，黄瓜国王最终离开了他们的家。这是一部很难简单进行概括的作品，在上课之前，成灿一到阅读班就跑来问我。

“老师，沃尔夫的爸爸为什么会喜欢这个黄瓜国王呢？”

“问得好，这也是我们今天要交流的最重要的部分。成灿既然这么问，那么在读书的时候肯定也思考过。成灿是怎么想的呢？”

“我一直在想，但是都没想明白。首先我很讨厌黄瓜国王，而且沃尔夫的其他家人也都讨厌他。黄瓜国王从一露面就开始对着沃尔夫的爸爸指手画脚，所以爸爸到底为什么对黄瓜国王这么言听计从呢？真的太奇怪了。”

《黄瓜国王》

问出这么好的问题，说明成灿真的读得很认真。爸爸为什么喜欢黄瓜国王？为什么只有爸爸一个人喜欢他？这样的问题本身就是寻找故事主题的线索。上课时，我决定带大家画一画故事中的人物关系图。

先写下沃尔夫一家人的名字，如果两个人之间关系要好就用双实线（══）连接，如果关系一般就用单实线（——）连接，关系不好就用单横线箭头（⟷）来标记，关系特别紧张就用双横线箭头（⟺）来表示。随着故事的展开，人物之间的关系也可能会发生变化。人物之间的关系好不好，需要孩子们自己来判断，所以成灿、多彬和东健三个人画的人物关系图也不尽相同，但是他们的图有一个共同点——

“谁的箭头最多？”

“沃尔夫的爸爸！爸爸好像和所有家人关系都不太好，虽然他对妈妈还算不错。”

“不对啊，尼克（最小的孩子）和爸爸就很好，爸爸不是特别喜欢尼克吗？”

“没错。那和爸爸关系最不好的是谁？”

“是爷爷，爷爷和爸爸是双箭头，他们两个人事事都吵架。”

这里可以推测出爸爸为什么喜欢黄瓜国王，以及为什么只有爸爸一个人喜欢他。于是，我又问孩子们：

“爸爸为什么和家人们关系很差呢？”

“因为爸爸做事随心所欲，常常在家里大喊大叫，对马蒂内姐姐的穿搭也指手画脚。”

“爸爸也有很害怕的事，却在大家面前装模作样。而且，家里的电视永远只能放爸爸想看的节目。”

我对孩子们解释，沃尔夫爸爸的种种态度和行为都是因为他有“大家长主义”思想。正是因为这种“大家长主义”，爸爸和其他家人的关系都不太和谐。说到这里，大家就不难理解为什么爸爸和爷爷的关系最差了，因为只有在爷爷面前，是爸爸不能肆无忌惮的。

“但是爸爸和尼克的关系特别好，是因为尼克很听话吗？”

“是因为尼克年龄还小，所以爸爸在尼克这里总是能如愿以偿。”

“但是尼克长大之后也会和爸爸闹别扭吧，沃尔夫也对尼克说过，‘等你长大了，你就不会听他的话了’。尼克自己也说过类似的话。”

“你们有没有注意到，故事的最后，尼克还发挥了重要作用哟——”

“就是尼克扔掉了黄瓜国王！”

“没错！我本来还以为沃尔夫会扔掉它，没想到是尼克做的，我有点出乎意料。”

“老师对他抱有很大的期望呢。说不定以后沃尔夫的爸爸也会做出改变。”

东健提出了另外一个问题。

“但是父母也需要有一定的权威，不是吗？有时家里的确需要一个人来出面做决定呀。比如大家一起去吃饭，每个人想吃的东西都不同，不就应该由一个人来决定吃什么吗？”

“大家猜拳决定不就行了。”

“可也得有个人决定用猜拳的方式来解决呀。”

于是，我又和他们解释了“家长的权威”和“大家长主义”的区别。

“权威是使人信服的力量，有时我们的确需要这种力量。比如在决定关系到家人人身安全的事情时，讨论子女的教育方式时等，就需要父母拿出家长的权威。那么真正的权威究竟是什么呢？”

“是以身作则。”

“是默默做事而不炫耀。”

“是扛起责任。”

其实沃尔夫的爸爸在家里没有什么权威，再加上他一贯采取大家长主义的处事态度，所以和家人的关系都不太好。那么问题来了，也就是成灿一开始问的，爸爸为什么对黄瓜国王言听计从呢？

“我觉得可能是爸爸觉得黄瓜国王的处境和他差不多。黄瓜国王也只会说大话吹牛皮，得不到库米奥利王国居民的认可，所以被赶了出来。”

“而且黄瓜国王还放话说，如果爸爸什么都听他的，就让爸爸在库米奥利王国当大官。”

聊到这里，我们基本找到了问题的答案。爸爸和黄瓜国王都打着权威的旗号拒绝和他人沟通，所以这部作品的主题是批判这种被曲解的权威。在寻找作品主题的过程中，孩子们也自然而然地表达了自己的想法。

梳理好复杂的人物关系和故事情节，故事矛盾的核心自然就会暴露出来。当然了，读者可以支持书中任何人的立场，但是在把握住故事的主题之前，必须以客观的眼光看待事态的发展过程。父母在和孩子进行交流的时候，一定要引导和鼓励孩子整理好自己的思路，用一个固定的标准对人物进行评价。准确把握主题之后，孩子会更容易明确自己所支持的立场，从而真正形成自己的思考和观点。

故事背景

结合故事背景对主题进行思考

孩子们读童话故事大多是为了寻找乐趣和体会感动，在这一过程中还能在故事中看到现实生活的影子。反映真实生活的故事更能让人感同身受，而以特定的时代和地点为背景创作的文学作品则有另一番不同的意义。作家为什么要写发生在那个时代、那个地点的故事呢？寻找这个问题的答案也是寻找作品主题的方法之一。

《数星星》以20世纪40年代纳粹占领下的丹麦为背景。纳粹在丹麦追捕犹太人并送往集中营，安妮和家人为了拯救好朋友艾伦一家，冒着生命危险挺身而出。从前，安妮觉得自己缺乏勇气，但是她又觉得，能过不需要什么勇气的平淡日子也是一种幸福。但是不知不觉地，安妮成了这次救援行动的主力。

在正式开始读这本书之前，我带孩子们整理了关于第二次世界大战以及纳粹大屠杀的基本知识。书中提到的“抵抗运动”虽然很重要，但是我更希望孩子们能够体会作品中的人们顽强抵抗压迫和屠杀的精神，所以没有额外补充关于“抵抗运动”的内容。事实上，这样的优秀作品即使不去了解关于背景的知识也不影响阅读，因为作者在故事中已经详细地描述了时代背景。不过先了解故事的背景再进行阅读，读者会更加投入，也更容易与书中的人物共情。

在阅读班分享读后感时，孩子们这样说：

“我本以为这是一个非常忧郁和悲伤的故事，可读完以后发现不是这样的。我被这个故事感动了。”

“我之前就听说过纳粹屠杀犹太人的事，以为这本书的主人公一定是纳粹或者犹太人。但没想到，主人公是站在第三方的立场来讲述当时发生的事情，角度很新颖。”

找到并说出能够推测出时代背景的内容

我和孩子们一起找出了书中能够推测出时代背景的情节——刚开始，只是监视小区的纳粹越来肆无忌惮。为了躲避纳粹的监视，人们展开了秘密抵抗运动。书中描写了丹麦人为了抵抗德国军队的统治而牺牲了自己的舰队这件事，这是根据真实历史事件改编的。孩子们纷纷表示，安妮当时的处境大概就跟处于日本侵略者强占时期的朝鲜半岛上的人民差不多。

此外，我们还一起探讨了安妮对勇气的看法以及安妮思想的转变过程。平凡的安妮之所以敢在深夜冒着被纳粹发现的危险执行秘密任务，是因为她的使命感战胜了恐惧。由此可见，除了那些参与抵抗运动的人，在人们看不见的地方，还有无数默默帮助犹太人的人，以及永远不放弃希望的犹太人，他们都是勇敢的人。这些始终怀有信念、憧憬自由并为之战斗的人们，都是历史的主人公。父母可以和孩子一边讨论《数星星》的故事背景，一边交流体会。

《数星星》

雨灿在读后感中这样写道：“第一次看到这本书的名字时，我还以为作者写了一个爱情题材的浪漫故事。读了以后，我才了解了二战时期纳粹独裁者对犹太人的迫害。”他还说，“我想知道那些纳粹的朋友和家人是否赞成他们的做法呢？”可见孩子读了与现实相关的文学作品，对社会问题也会产生兴趣。

《机器人之星》是一本科幻童话。故事的时间背景设定在未来，空间背景则是宇宙。这本书分为三卷，讲述了纳鲁、阿莱和内达三个一模一样的机器人追寻自由和权利的故事。虽然这本书篇幅长、情节复杂、背景陌生、登场人物多，但是孩子们依然对这本童话非常着迷，因为它生动地描绘了未来人类在地面以上两公里的范围内建造天空城市的神奇景象。这里的职员通过验证手掌上细胞的DNA来确认身份，靠全息投影来上班。人们的家里有能够把家庭清洁度具象化为数值的人工智能，它甚至能够替人网购或订外卖，还有像话匣子一样的万能机器人卢比。谈起这本书，载赫说：“书里虽然明确说写的不是现在的事，但又好像是现在的事。”孩子们理所当然会关心世界的未来发展，因为这是我们生存的地方。

但事实上，这部作品描绘的未来并不局限于各式各样的发明创造和便利的生活。人类奔波于地球、月球和火星之间，他们已没有国家和人种的区分，人们根据“责任指数”（实质上就是财产）来划分阶层。阶层决定了人们生活的地区、饮食、医疗和受教育程度，甚至军队的保护优先级。机器人与人类、人类与人类的对立日益严重。这部作品以这样的时空为背景，借机器人之口描述真正的人类是怎样的。也就是说，为了能够阐述“人类真面目”，作者特意设置了这样的时空背景。

当然，有的童话故事也会发生在一个架空的时空中。但无论如何，故事背景都和作品的主题紧密相关。请父母和孩子们读童话时一起思考童话中背景和主题的关系吧。

评论

梳理故事情节、分析关键人物、掌握人物关系和了解背景的目的是把握作品的主题，在完成这些之后，我们就要让孩子整理自己的思路，说出自己对主题的看法。一部文学作品的主题是作者想传达的观念，但不是绝对的真理，读者可以用批判的眼光来看待它。孩子应该批判性地看每一本书——而且，正因为是孩子，所以他们尤其需要这样做。

但是大人不能强制要求孩子进行批判性思考，那样孩子就会曲解为无论什么情况都要找出问题，比如寻找书中人物不合逻辑之处，或是绞尽脑汁地提出标新立异的想法。这样一来就不是批判性思考，而是故意挑刺儿。一旦进入这个死胡同，以后孩子就很难以正确的方式进行独立思考了。

以现代的视角对作品进行批判性阅读

莎士比亚的著作《威尼斯商人》以一纸奇特的判决书而闻名。放高利贷的夏洛克把钱借给安东尼奥时，签订了这样的合同：如果安东尼奥逾期不还，就从他身上割下一磅肉。最终，法官判决割肉可以，但是重量不能多也不能少，并且一滴血也不可以流。这个判决救了安东尼奥的命。不仅如此，法官还追究了夏洛克妄图加害安东尼奥的责任，将这个放贷者财产的一半儿充公，另一半儿判给他平时最讨厌的女婿。虽然坏人受到惩罚的结局看起来大快人心，但孩子们却有不同的看法。

“虽然夏洛克的确很坏，但是既然签订了合同，双方就达成了协议，法官无视这份协议也是不对的吧。”

“因为夏洛克是犹太人，所以他在当地很受歧视。而且大家从头到尾都‘犹太人、犹太人’地称呼他，也很不好。”

“夏洛克想要割安东尼奥的肉的确很过分，不可以那样做。那么就让安东尼奥还他应该还的钱，再对夏洛克处以罚款就行了，把夏洛克的所有财产都拿走也太不像话了吧。”

“我觉得应该先让夏洛克收回借出去的钱，然后再惩罚他杀人未遂。”

即便是世界闻名的大文豪莎士比亚也阻止不了小读者提出反

对意见——孩子们纷纷动手重写了判决书。多彬写道："不没收夏洛克的财产，但是对他处以有期徒刑，并且考虑到犯罪情节严重，不予减刑。"东健写的是："犯人夏洛克的女儿可以决定自己的婚姻，因此法院承认夏洛克女儿的婚姻，并且把夏洛克的财产交由女儿处理，而不是交给女婿。"

孩子们提出反对意见并不意味着他们否定了莎士比亚的作品，相反，这部作品汇集了他们喜爱的元素——乔装改扮、机智救友、惊天反转、浪漫爱情和勇气，给他们带来了欢乐。孩子们只是把书中的判决改成了更符合当今时代的判决。

告诉孩子们不必因为这部作品是世界闻名的古典名著就将它奉为圭臬。以现代的视角对真正优秀的文学作品进行批判性阅读，不仅不会降低它的价值，还能使其焕发新的光彩。如果用批判的眼光去看一本书，却找不到一丁点儿价值，那么这本书就不是古典名著，而是迂腐的老故事。

认同书中的看法并用自己的语言阐述

读《黄瓜国王》的时候，有的孩子提出这家人有很多秘密。妈妈瞒着家里人购物，沃尔夫面临留级危机，姐姐在日记本里写满了对爸爸的不满。成灿在讨论时表示，要想构建和谐的家庭，家人之间就要坦诚相待。

“但是家人之间就不能有秘密吗？”

一石激起千层浪，这句话引发了大家关于秘密的大讨论。

“沃尔夫一家有五口人呢，彼此之间根本就不可能没有秘密。”

“世上不存在没有秘密的人，如果每个人都把一切说出来，不是很累吗？”

“我就没有秘密，就算有了秘密，我也会告诉爸爸妈妈‘我有秘密了’。”

“比起每个人都无条件的没有秘密，我觉得大家互相尊重彼此的秘密更好。”

“但是最好不要有那种别人都知道，就我不知道的秘密。”

“家人之间也不可以互相欺骗！”

如果说《黄瓜国王》道出了要创造良好的家庭关系，应该摒弃大家长主义的思想，重视家人之间的沟通，那么孩子们所说的家人彼此既要坦诚相待，也要尊重各自的秘密就是对这一观点的补充。如果孩子能对书中人物的遭遇产生共鸣，认同书中透露出的观点，那么孩子对故事的认知也会更加全面。就像一棵繁茂的大树，它的枝干会向不同的方向延伸。

发表不同的看法

《五月的奔跑》是一部以孩子的视角讲述韩国“五一八民主化

运动”[1]的作品。明洙的梦想是成为一名赛跑运动员。全国少年运动会前夕，明洙离开罗州前往光州集训。在集训的日子里，明洙和其他小运动员建立了深厚的友谊。某一天，明洙和其他孩子目睹了韩国军政府的无情、暴力，也见证了市民们勇敢抵抗的过程。在这一事件中，明洙永远失去了在市里经营钟表店的父亲。

出入光州的道路全部被管制，广播和电话信号也全部被切断。明洙为了把父亲不幸遇难的消息告诉远在罗州的家人，决定孤身一人离开光州。朋友们知道了明洙的决定后，都加入了这场危险的“赛跑”，和时间赛跑，和危机赛跑。

读了这本书，孩子们理解了韩国“五一八民主化运动”的意义，纷纷表示了自己的难过和感动，也希望更多的人读一读这本书。

但是，世珍提出了不同的意见：“我和大家的想法不太一样，当时那么危险，明洙真的有必要逃离光州吗？”

针对这个问题，我解释说，明洙是怕远方的家人担心自己，也是为了反抗军政府，才这样做的。

“我知道，可是明洙逃跑时可能会遇到危险啊。明洙的父亲已经去世了，如果明洙再发生什么意外，他的家人会更加痛苦。越是这种紧要关头，越要听教练或者朴先生的话，哪怕内心很焦灼，也应该尽力忍耐，保持理智。并不是只有拼命才叫勇敢，不是吗？”

---

① “五一八民主化运动”又称“光州事件”，1980 年 5 月 18 日至 27 日，韩国光州市民自发举行了一系列要求民主的运动，遭到了政府的武力镇压。

世珍说的话很有道理，虽然她非常理解明洙的感受，但还是以自己的方式理智地做出了判断。

我们读书就是为了自己能独立思考，所以我很期待孩子们能发表不同的想法。一旦他们提出不同的意见，我会先确认他们有没有理解书的内容，再让他们说出自己的依据。等孩子把想说的都说完了，我会对他们的想法表示支持，跟他们说："谢谢你提出的宝贵意见，我会再仔细想想的。"

当然了，孩子们能列出的依据并不多，甚至有些依据从大人的角度来看是不合逻辑的。但是父母千万不要急着反驳他，因为此时孩子在以自己的逻辑进行独立思考，思考本身比结论的对错更重要。父母可以根据情况引导孩子的思考方向，但不要一味地站在作者的立场，而是要尽量保持中立。因为孩子读书时提出自己的意见，并不是在和老师或父母讨论，而是在和作者进行"讨论"。

把自己当成评论家

获奖的文学作品一般都会把获得的奖项印成贴纸，或作为广告语印在封面上进行宣传。孩子们通常不知道这个奖是什么、有什么意义，他们只会觉得既然获奖了，那就应该是一本好书。闪亮的贴纸和加粗的字体给人一种高品质的感觉。

不同的奖项，评选的过程和标准会有所不同。但大部分文学奖的获奖作品都是通过预选、初选、复选等流程，由评委们精心择定。有时，脱颖而出的优秀作品会全票通过；有时，评委们的意见也会有分歧，需要经过讨论再决定。换句话说，即使是已经获奖的文学作品，也有人反对颁奖给它。

“如果我是评委的话，我是支持这部作品获奖，还是反对呢？如果反对的话，我要提出怎样的依据支持我的观点呢？”能说出依据，评价才客观。比起让孩子简单地判断喜欢还是讨厌，父母更应该鼓励孩子从作品的主题、故事情节的展开方式以及主人公的言行等方面找出支持自己想法的依据。

上三年级的慧智最近在读日本新美南吉儿童文学奖的获奖作品《最糟拍档》。慧智虽然无法理解高露为了利用美雅而接近美雅的行为，但是她还是仔细思考了一番。她说：“两个人的故事轮流上演（书中两位主人公轮流成为每一章的中心人物），这种写作方式很有意思，而且能让人重新思考和友情有关的问题，所以评委们才给这本书颁奖吧。”

雅兰阅读了韩国知名出版社出版的四部获得文学奖的作品，并分别对它们进行了评价。我事先没有和雅兰讨论这些书，但我发现我的想法和她的不谋而合，真是有趣。对于我觉得结尾匆忙的书，雅兰说：“我觉得作者得再写一本书才能把这个故事讲完。”对于一本我觉得主人公解决问题的过程有点无聊的童话，雅兰评价道：“这本书内容有点幼稚，但是应该有喜欢这种风格的孩子。”

有的故事情节我觉得设置得有些刻意，但胜在主人公性格积极向上，对此雅兰也觉得:“主人公拥有远大的梦想，而且结局也很好。”

关于《不是功夫而是东福》这本短篇故事集，她这样说：“我觉得这本书没什么缺点，书里面有三篇故事。《一桶泡面》中，虽然小老鼠因失误毁了一桶泡面，但是它勇敢地面对错误并做了自己该做的事，还救活了猫咪，这一点特别好。《哦，未知的快递》中，她因为阿风（小狗）的死非常伤心。后来，美芝穿着阿风送来的运动鞋跑到天堂见阿风，这段情节太感人了，而且最后她还不忘跟帮助过她的蚯蚓和樱花道谢。《不是功夫而是东福》中，小谭犯了错，东福安慰他还给他鼓劲儿，真好。”

这本书的最后一页是儿童文学评论家金智恩的评语。虽然遣词造句不完全一致，但是金智恩的评语和雅兰表达的意思十分相似。另外，雅兰在和我交流时，表达清楚、逻辑清晰，让我十分惊讶。我认为这是很优秀的评论，完全不输给专业的文学评论家。

孩子可以从多个方面说一说某部作品的优缺点，比如从趣味性、教育意义、感动指数等来打分，也可以根据不同的书自己设置打分维度。父母和孩子可以为每本书设置四个打分维度并进行评分，也可以根据需要变更打分维度。

例如，读了《布鲁托秘密敢死队》后，刘浩特意为这本书设置了“惊险指数”来打分，满分为10分，他给这本书打10分。对于《俗语图画书》，他从推荐指数、知识性、趣味性和创意性四个维度分别打了10分。从各个方面对作品进行打分，孩子们就能清晰地认识到作品本身的优缺点以及自己对这部作品的看法。对于孩子们来说，这就是批判性阅读。

读后活动

4 阅读童话之后应该做什么

成年人读了小说以后一般不会把书中的场景画下来，也不会通过猜词等游戏活动来整理读书心得。哪怕是很积极的读者，也只是写一些读后感而已。除了和其他读者见面聊天，或者参加作家的见面会，通常不会特意进行读后活动。

我认为孩子也应该这样，刻意设计的读后活动对孩子的阅读没有帮助，反而会影响孩子欣赏作品的心情，让他们觉得读书很麻烦，或是把读书当成必须进行的某个活动的准备工作。即便读后活动真的很有趣，也会带来问题——孩子会对有意思的读后活动记忆深刻，而不是读书本身。那么他还会觉得阅读是必要的吗？这样会不会有些本末倒置呢？

因此我觉得，阅读童话以后最合适的活动就是写作。除了简单的对话，还可以写一写读后感，哪怕很短也没关系。读书以后写下自己的想法和感受对整理思路非常有帮助。孩子不必每读一本书就写一篇读后感，只需要挑读后有强烈感受或是值得深思的书来写就可以了。这种写满自己想法的文章，过很久以后再回过头来看会觉得很有趣。

读后感中要写故事梗概

有人认为写读后感就是写读书以后的感想，不需要记述故事情节。故事梗概是对书内容的简单介绍，并不能体现作者的个性、想法和感受。因此，写读后感并不需要写出故事梗概。但是在我看来，读后感也是一篇独立的文章，为了文章具有完整性，最好简单介绍一下故事的内容。如果把读后感当作一篇独立的文章，那么孩子在向这篇读后感的读者诉说自己的感想之前，应该先让读者知道是什么样的故事使自己产生了这些感受。只有这样，读者才能认可写文章的人，并对这本书产生兴趣。

写故事梗概本身就是写读后感的一个部分，通过对故事情节的归纳，父母可以看出孩子对图书内容的掌握程度。孩子只要把握好读后感的整体篇幅，不要把故事梗概写太长即可。

三种读后感写作模式

正如我在前文中详细介绍过的，孩子如果可以流畅地把故事情节和主题讲出来，那么他基本上也能顺畅地写出来。但是实际上，一个人说出的话并不能直接成为一篇文章。当你真正开始写的时候，往往会觉得迷茫，无从下笔，抓不到头绪，这时就需要参考一下别人的写作模式。教孩子固定的写作模式不是让孩子把写作公式化，而是为了让孩子学会建立合理的文章结构。

模式不代表固化，即便给文章搭建了框架，作者依然可以书写自己的创意。当然，如果孩子已经具备了一定的写作能力，也可以鼓励他使用自己熟悉的模式来写作。

读后感写作模式 1　问答式读后感

写读后感的一种方式就是回想自己阅读过程中产生的和故事主题相关的问题，以问答的形式记录下来。要注意，这里的问题要与故事内容和主题相关，与此无关的问题不要写在读后感中。

可是如果孩子真的想到了一个自己认为很重要但又找不到答案的问题怎么办呢？我的建议是，不要把这个问题写在关于主题的思考这个部分，而是另添加一个板块，专门记录“还需思考的问题”。

如果孩子想不出合适的问题，父母可以给出一些例子，让孩子参照着提问，或者让孩子在父母提出的问题中选择。这里请父母注意，多提问题让孩子去选择很重要，如果你只给出一个问题，那么孩子很有可能会认为解读这部作品只有一个角度。

<问答式读后感的写作模式>

故事梗概 → 父母给出的问题（或孩子自己想出的问题） → 答案

阅读《数星星》，从下列问题中选择一个并找出答案，写一篇读后感。

· 什么是真正的勇气？（对比自己和安妮的想法）

· 作者为什么要站在丹麦人的立场上记述这个关于犹太人被屠杀的故事？

· 彼得为什么要冒着生命危险参与反抗运动呢？

· 安妮深夜独自出门时，安妮的妈妈会是什么心情呢？

· 艾琳为了避难不得不和父母分开，她会怎么想呢？

读后感写作模式2 评论式读后感

我在前文中讲过，站在中立的立场上才能写出既客观又能体现自己观点的文章。写读后感时，如果孩子写不好完整的故事梗概，也可以让他先介绍一下书中的主要人物，如自己觉得重要的情节和印象深刻的表达方式，等等，最后再加上自己的想法和评论。但评论一定要有依据，因为除了评论内容本身，评论的理由是否有说服力能体现出孩子逻辑思维能力的强弱。

<评论式读后感的写作模式>

故事简介和评论（人物、情节、表达方式，等等）→ 依据

《兴夫传》读后感

我读的书叫《兴夫传》。这本书主要讲了兴夫从葫芦中获得了一大笔钱，孬夫最终一无所有的故事。

兴夫是一个心地非常善良的人，他乐于助人，总是为了别人不顾自己，我有些心疼他。后来他因为自己的善良，从葫芦里得到了一大笔钱，但他还是像之前一样舍己为人。孬夫是个坏东西，钱再多有什么用，他还不是经常欺负别人、干坏事，大家都讨厌他。他也得到了一个葫芦，却被葫芦里钻出的鬼怪抢走了全部财产，又挨了一顿毒打，差点丧命。我看得非常解气，但是我也觉得他有一点点可怜。

这个故事的关键角色其实是燕子。为了报答兴夫，燕子给了兴夫能种出宝葫芦的种子；为了报复孬夫折断了自己的腿，它给了孬夫藏着妖魔鬼怪的坏葫芦种子，折磨孬夫。燕子惩恶扬善是一件好事，但我觉得它好像有点儿过度参与兴夫和孬夫两兄弟的事了。

综上所述，虽然这本书确实做到了惩恶扬善，但我觉得对善良的褒奖和对罪恶的惩罚都太极端了，因此我对书的结局不太满意。

六年级 朴成灿

读后感写作模式3 给主人公以外的人写信

有一种很常见的写读后感的方法，就是给书中的主人公写信。但是我们知道，主人公并不是真正的收信人，而且收发信件的人之间也不会真的有交流，因此，这种写法很容易流于形式。孩子容易忽略对主人公境遇的思考，侧重于提出好奇的问题，或是陈述主人公的优缺点。在此建议，如果想用写信的方式来写读后感，可以给主人公以外的人写。比如写给自己的亲朋好友，信中向他们推荐这本书，并给出推荐的理由，以及阅读以后想跟他们一起讨论的问题，这样就能写出言之有物的文章了。当然了，也可以把自己想象成书中的人物，给书中的其他人写信。

如果孩子要写《黄瓜国王》的读后感，就让孩子把自己想象成沃尔夫的爸爸，给沃尔夫写一封信。孩子可以根据自己的想法和对人物的理解，写出体现自己观点的读后感。信里可以写自己对这段时间发生的事情的解释和道歉，以及对今后好好生活的决心。如果孩子觉得爸爸本性难移，也可以用大家长的口吻写这封信。

培养认知能力的科普读物阅读法

1 儿童为什么要阅读科普读物

阅读科普读物有助于增强孩子的自我保护能力。孩子的成长总是伴随着一些危险。比如在家中，孩子可能会触碰电源插座、玩火，在户外，又可能会靠近水塘，误食有毒植物，接触危险的动物。这种时候，父母如果只是粗暴地制止，就很可能激发孩子的逆反心理，出现反效果。其实，孩子想做这些事情的根本原因是他有强烈的好奇心，但对危险认识不足。解决的方法很简单，那就是让他明白这些行为可能带来的危险，并且满足他的好奇心。毫无疑问，给孩子阅读科普读物能达到这样的效果。

除了知识本身，阅读科普读物还能引导孩子建立科学的思维方式。电是什么，它是如何在我们的日常生活中发挥作用的，又为什么会带来危险；哪些植物是可以吃的，哪些又是有毒的；为什么家养的宠物可以摸也可以喂食，动物园里和野外的动物却不行……孩子通过阅读科普读物学到这些知识，并应用在自己的日常生活中，不知不觉就规避了很多潜在的风险。

鼓励孩子迈出探索世界的第一步

孩子总是对世界充满好奇。英国权威媒体曾经调查过1500个孩子，发现他们平均每天会提出73个问题。父母虽然有远高于孩子的认知能力和知识水平，但面对千奇百怪的问题，也常常觉得无所适从。有时候即使父母知道答案，想要解答得令孩子满意也不是件容易的事。如果认真回答，孩子很可能听不懂其中复杂的科学原理，而如果回答得敷衍，又无法真正满足孩子的求知欲。更不用说那些父母自己也根本不知道答案的刁钻问题了。

遇到这种情况，阅读科普读物就显得十分重要。今天，市面上的儿童科普读物可以说包罗万象，各种主题应有尽有。同时，优秀的儿童科普读物会根据儿童的认知能力进行编写，用孩子看得懂的方式讲解知识。当孩子提出让父母为难的问题时，父母可以和孩子一起阅读相关的科普读物，在书中寻找答案。孩子每次提问都能得到答案，这种正面反馈不仅能满足孩子的好奇心，更是对提问的鼓励。长此以往，孩子将会获得发问和探索的勇气，永远保持旺盛的求知欲。

培养科学的思维方式

对于人类来说，科学带来的不仅是技术的进步，更是思维方式的转变。从某种意义上说，科学精神比科学本身更重要。

在没有科学的时代，面对未知，人们只能求助于神灵。而在今天，人们会用科学的方法对未知事物进行研究和解释。哪怕是一些在当今的科技水平下尚且无法解释的事物，我们也可以确信，随着科学的不断发展，终有一天这些事物能够得到解释，而不会盲目地将它们归结为某种神秘力量的结果。阅读科普读物，引导孩子用科学的视角认识世界，那么在孩子的成长过程中，甚至成年之后，无论面对什么情况，他都能够用科学的视角看待问题，而不是盲目地恐惧，以至于做出错误的决策。

另外，科学研究是一个去伪存真的过程。孩子从小阅读科普读物，不仅有助于拓宽知识面，也会在不知不觉中养成做事严谨的习惯和明辨是非的判断力。我们生活在一个信息爆炸的时代，获取信息变得前所未有的容易，对信息的筛选和甄别也就变得尤为重要。不人云亦云，不迷信所谓的权威，保持独立思考，这些都比获取科普读物里的知识更有意义，会使孩子受用一生。

让亲子关系更融洽

在亲子共读中，阅读科普读物能带来完全不同的体验。不仅是孩子，父母也可能在书中发现自己完全陌生的知识。有时，甚至可能遇到孩子知道，父母却不了解的内容。在阅读过程中，父母可以和孩子共同学习，也可以反过来由孩子向父母讲解，而不仅是单方面地由父母讲给孩子听。在这样的阅读时光中，孩子获得的参与感和成就感不言而喻，亲子关系也会变得更加融洽。

阅读方法

2 怎样阅读科普读物

选择科普读物从孩子的兴趣爱好出发

内容与课堂知识有关的儿童科普读物，也就是所谓的“副教材”，能帮助孩子理解课堂知识。如果孩子在学校学习了关于宇宙的知识，那老师就会建议他们阅读有关宇宙的书。这样做为的是在孩子对课堂知识产生兴趣以后，通过阅读课外书来获取更多相关知识。

但是如果孩子的科普读物只选择副教材，孩子就会失去阅读与课本无关的新鲜内容的机会。所以在选择科普读物的时候，除了选有助于学习课堂知识的书，父母还要考虑孩子关心什么，从孩子的兴趣爱好出发选择图书。

有时，父母也可以为孩子选择自己擅长领域的科普读书，既能为孩子提供更科学的阅读指导，又能在亲子之间培养相同的兴趣爱好，带来更加融洽的亲子关系。

《圆圆的地球的一天》描绘了世界各国儿童迎接新年的场景，如果读了这本书后，孩子对世界各地的文化差异产生了兴趣，就可以让他再阅读《遇见全世界》，来了解世界各地人们不同的容貌特征和生活习惯。

想让孩子将现实中的所见、所闻、所感与书联系起来，再借由书中内容反观多彩的现实生活，大人在为孩子选书前首先要拓宽自己的视野。

一定要读作者介绍

在阅读班，带孩子们阅读科普读物之前，我一定会提醒他们注意两点，第一点就是作者简介。科普读物的作者大都是相关领域的专家，通过阅读作者的履历，孩子们可以了解不同的学科领域，知道如果自己想成为这样的专家，需要学习哪些知识，从事怎样的工作。

《李尚熙老师讲人类的故事》的作者简介是这样写的：

李尚熙老师不仅在韩国进行研究，还前往阿塞拜疆、蒙古等国家的考古发掘现场研究古代人类化石。在韩国的古人类学研究几乎是一片空白时，他毅然远赴海外求学，成为韩国首位古人类学博士。

“古人类学”这一学科对孩子们来说非常陌生。它是研究什么的，又是怎样进行研究的呢？这些问题古人类学家李尚熙老师都能给出答案。另外，确认了这本书作者的权威性后，我也可以放心地给孩子们阅读了。

《懒惰不是世界贫困的原因》的作者大学时主修外交学，研究生时期主要研究世界范围内的贫困和不平等现象。这本书的作者简介写道：“作者依靠自身所学，投身国际儿童保护事业，现在从事致力于救助全世界儿童的非政府组织工作。”阅读这部分内容时，我会向孩子们解释什么是非政府组织，也可以推测出这本书一定包含作者从事救助活动的真实经历和感受。

即便作者不是某个领域的研究人员或从业者，也要看看他为什么写这本书，为此付出了怎样的努力。还可以看作者都写过什么书，他本人是研究什么的。这些内容都能帮助我们判断这本书是否值得一读。

细读目录

除了上文所说的作者简介，阅读科普读物之前，第二点就是还需要细读目录。制作精良的书通常只要看目录，就能对书的内容结构一目了然，还能从目录中看出作者整理知识和信息的逻辑、展开论点的方式。《懒惰不是世界贫困的原因》着眼于全球各地区经济发展不平衡的问题。这本书从纠正人们对贫困的成见开始，指出了造成贫困的历史原因和现代社会因素。在深入讨论焦点问题——粮食问题后，作者指出世界各国要互相合作，尽到应尽的责任。

《懒惰不是世界贫困的原因》

而上述信息从目录的十二个章节的标题中就能获得。简言之，本书是以提出问题—分析问题—解决问题的顺序写作的，针对本书的阅读课程也是按照这样的框架安排的。可以说，这本书的内容和写作方式都非常值得孩子们学习。

《通过声音相遇——身体的故事》和其他介绍耳朵结构、发声原理、音乐、噪声的书不同，是一本简单有趣的书。但因为书中涉及的知识很多，我有点担心孩子们会反感，所以决定不让孩子立刻阅读正文。在组织孩子们读这本书之前，我提议大家先一起看目录，根据目录选出书中需要仔细阅读的两个部分。首先是第一章“听声音的耳朵”，这是本书内容的核心和基础，所以大家决定仔细阅读；然后大家各自挑选自己觉得最有趣的章节，仔细阅读以后在课上进行交流；剩下的部分则可以根据自己的兴趣选择性阅读。

《通过声音相遇——身体的故事》

一本书的目录就像是电影的预告片一样，引导读者猜测书中的内容。这也是目录的作用之一，毕竟对内容的期待也是阅读的一部分。反之，如果书的目录结构松散，那么书的内容也可能很混乱。所以，目录也可以作为父母选书时的参考。

有效地阅读

如果父母要给学龄前或低年级的小朋友挑选科普读物，最好选择能一次性读完的书。高年级学生的科普读物的字数通常很多，知识量也更大，很难在短时间内看完。另外，科普读物不像故事书一样有跌宕起伏的情节，所以孩子往往只是草草翻过。这也是随着年级的升高，很多孩子不再爱看科普读物的原因之一。

科普读物其实不一定非要按内容顺序读，孩子可以根据目录找到有趣的部分或者自己想了解的部分进行阅读。阅读过程中如果发现陌生的概念，可以翻看前文寻找相关信息。还有，一次性读完全书不如经常翻看的学习效果好。

有些科普读物只需看里面的图片。《世界自然遗产考察：地球的秘密》的作者曾经是一名摄影记者，书中满是作者拍摄的自然遗产的照片，不仅有加拉帕戈斯群岛、塔斯马尼亚的自然保护区等世界各地的美丽风景，还有生活在那里的珍稀动植物。这种书只要看照片和照片下的说明就会有很多收获。比起在网络上搜索图片，捧着书仔细观察照片会给孩子留下更深刻的印象。看图也一样可以先让孩子看自己感兴趣的部分。

《世界自然遗产考察：
地球的秘密》

一边画线一边阅读也是不错的读书方法。我会让孩子们在读书时在重要的句子下面画线，这样孩子们自然而然就选出各个段落或章节的核心内容。以后再翻开这本书时，可以只看画线的重点内容。

如果孩子觉得找核心内容很难，可以教他找出“说法新鲜”

的句子或段落并画线。当孩子遇到自己不太理解的内容，或是与自己的想法不同的观点时，都可以画线标注。要注意，不同的内容要做不同的记号，这样画线才有意义。比如，根据概括性语句、有趣的描写、不懂的部分等，将内容分别用横线、双横线、波浪线等来进行标记。还有一点一定要注意：在书上画线的前提是这本书归孩子本人所有，如果书是从图书馆或别人处借的，孩子可以用便签来代替画线。比如，在想要重读的部分和不理解的内容旁边贴便签。这种把积累的知识具象化、内在化的过程虽然辛苦，但是孩子会更有成就感。这是在网络上搜索信息无法获得的感受，也是只有通过阅读图书才能拥有的独特快乐。

对话方法

3 阅读科普读物之后应该说什么

说出学到的新知识

“我心里知道，但是我说不出来。”这是父母问孩子们问题时，孩子们经常回答的话。其实大多数时候这并不是孩子的借口，孩子的表情可以告诉我们，他们确实不知道怎么说，也不知道从哪里开始说。我在阅读班经常鼓励孩子们不用太在意说的顺序，可以只说个大概，或者先说出当下的想法之后再补充修改。但是即使我这样鼓励，大多数孩子还是不知道该怎么表达。其实，他们不是心里明白却说不出来，而是根本没有弄懂，或者没有完全弄懂。只有能够说出来，才能证明孩子已经掌握了这个内容，反之亦然。

口述可以使脑海中模糊的思路逐渐变得清晰。比如，不少孩子在对朋友或老师描述自己不懂的地方时，忽然就明白了过来。

再如，解题时自言自语，把思路说出来，往往能帮助孩子找到解题的关键步骤。

《我的名字是捕蝇草》这本书借食虫植物捕蝇草之口介绍了生活在沼泽地区的植物。自称有“公主病”的捕蝇草介绍了自己的形态特征和习性，同时也给年轻的“奶酪叶”龟背竹传授生存经验，和它一起学习植物知识，并引导读者进入植物科学的世界。读完这本书以后，我和低年级的孩子们一起在纸上写下了和知识点有关的词和问题：食虫植物、气孔、导管、筛管、光合作用；捕蝇草测量猎物大小的方法、植物的叶子为什么是绿色的、树叶的形状各不相同的原因……之后，我问他们能否解释上述词汇的含义，或者回答上面的问题。有些孩子自信地大声说可以，但是一旦真的开始说，他们却支支吾吾地说不出来。

发现孩子有没弄懂的部分，父母可以让他反复阅读这个部分，然后用圆圈把已经搞懂的词或问题圈起来，最后再让孩子说一说。这样，懂了的和没懂的部分一目了然，圆圈越多代表已经掌握的内容越多，孩子也会获得成就感。

读了《世界自然遗产考察》后，孩子们说要选出最想去的地方。最受四年级孩子青睐的地方是加拉帕戈斯群岛——它因达尔文的进化论而闻名于世。孩子们说，它的名字听起来就与众不同，生活在这里的众多珍稀野生动物也吸引了孩子们的目光。

但当我问起加拉帕戈斯群岛在哪里时，孩子们却鸦雀无声。

这个问题的答案是南美洲的厄瓜多尔。我告诉孩子们，如果它是你们最想去的地方，就应该知道它的位置。于是大家立刻打开地图，找到了厄瓜多尔，还记住了生活在加拉帕戈斯群岛上的珍稀动物的名字。这些拓展知识往往比书本中的内容更有价值。比起只知道“加拉帕戈斯群岛上有很多神奇的动物”，明白“如果去厄瓜多尔的加拉帕戈斯群岛，就能见到蓝脚鲣鸟、军舰鸟和加拉帕戈斯象龟”说明掌握的知识更详细。

说出自己的想法

我在上课时给孩子们介绍了《传奇伟人传》。看到封面上的伟人画像，孩子们说，这些人中他们只认识金万德[①]，其他人物都从未见过。他们都很好奇书名为什么是《传奇伟人传》，于是我让大家带着“这些人的传奇之处在哪里”的问题开始阅读。

现如今，比起“伟人传”这三个字，很多作者更愿意使用“人物故事”。因为现在的作者更注重如何客观、立体地塑造人物，而不是单纯地歌功颂德。我很乐意给孩子们介绍模范人物的先进事迹，但是如果一有人出名，出版界就立刻一窝蜂地将那个人的故事出版成书，那么这种书的质量也很令人担忧。

①金万德（1739—1812 年），朝鲜王朝时期著名女商人。曾在济州岛饥荒时期购买大量粮食救济百姓。

爱阅读的孩子经常会问：什么样的人才能够被称为伟人或传奇？读了《传奇伟人传》，孩子们纷纷给出了他们心中对伟人的定义：将我国的文化传播给世界的人、给世界带来和平的人、拥有非凡才能的人、实现了自身价值的人，等等。

那么，这本书的作者把什么样的人定义为伟人呢？正如孩子们所讨论的，帮助他人、乐于分享的人也是作者心目中的伟人。

但是这些人并没有像帝王将相一样留下什么丰功伟绩，也没有像艺术家一样留下万古流芳的名作。虽然能够被载入史册就已经很了不起了，但真正记得他们故事的人并不多。那么这些人倾尽所有来帮助别人，究竟是为了什么呢？

成灿仔细思考了我的问题，回答道："因为他们做了自己认为正确的事，而且帮助别人本身也能让他们觉得满足。"

这种领悟也是阅读送给孩子们的礼物。我让孩子们在这本书中选择一位伟人介绍给大家，并说出为什么想要将他介绍给更多人。多彬想给大家讲金万德的故事。

"我们在学校学过金万德的故事，在其他地方也经常听到她的名字。但是读了这本书，我才知道朝鲜王朝时期的正祖亲自召见过她，并且允许她游览名山金刚山。我希望大家都能知道这件事，因为在读这本书之前，我完全不知道当时生活在济州岛的人并不能自由地往来于济州和内陆，女人更是得像金万德一样立下大功才有可能受召来到内陆。这件事令我非常震惊。"

看来多彬已经把自己从书中知道的故事和知识都整理清楚了，而且她还从金万德个人的故事中看到了当时的社会状况，这一点非常值得表扬。由此可见，阅读科普读物不仅能获得书中的知识，还可以锻炼逻辑思维能力。

说出学到的知识和自己的关联

2018年平昌举办冬季奥运会时，我和阅读班的孩子们一起读了一篇新闻报道，题目是《平昌清真食品区设置结束》(《先驱经济报》2018年2月5日)。报道中，记者采访了奥运会期间专门为赴韩参赛的穆斯林运动员准备清真食品的主厨。穆斯林运动员只占全体参赛运动员的百分之五左右，但是为了尊重他们的宗教信仰和民族文化，主办方特意设置了清真食品区。

虽然报道中有很多陌生的词语，但孩子们还是表现出了很大的兴趣。孩子们学得津津有味，我自己也收获良多。在说到收录了《辛巴达历险记》《阿拉丁神灯》《阿里巴巴和四十大盗》等许多著名作品的故事集《一千零一夜》时，有个孩子说："我还是第一次看《阿里巴巴和四十大盗》呢！"这时，艺珍忽然大喊了一声："芝麻开门！"大家被吓了一跳，然后都不由得笑了起来。

夏尔喜欢看绘本和童话，不喜欢科普读物。我问他为什么，他回答我："看科普读物不就跟学习一样吗？"虽然事实并非如此，我却没有立刻反驳他。夏尔的梦想是成为一名美食评论家，所以我答应要带他看看世界各地有名的美食。

《世界真奇妙》是一本非常棒的绘本，通过这本书可以了解世界各地人们不同的外貌特征、民族服饰以及传统建筑。我把这本书介绍给夏尔时，他对我说他只会看书里的美食图片。但实际上除了自己最喜欢的美食，他还饶有兴致地阅读了各地的节日和问候方式。

同样介绍世界文化的绘本《地图（人文版）》也非常受欢迎。这本书很有新意，把各国最有代表性的特产、饮食、知名人物等都画在地图上。夏尔看了这本书后非常开心，说以后一定要把书里画的食物都尝个遍。非常有意思的是，夏尔对书中最后一页的各国国旗也产生了浓厚的兴趣。

《地图（人文版）》

“夏尔，在这些国旗里面选一个你最喜欢的吧。不要管是哪个国家的，只看国旗的图案，你最中意哪一个呢？”

夏尔选择了格林纳达和阿尔巴尼亚的国旗。

“我很喜欢‘命运’这个词，这里的星星（格林纳达国旗由方形和星星组成）给我一种‘命运’的感觉，而且是非常棒的命运。而阿尔巴尼亚国旗上的鸟儿似乎象征和平，所以我也很喜欢。”

世界各地的人们都在努力改善生活、追求理想。阅读，并从书中领略美好的事物——这就是像夏尔一样的孩子读书的意义所在。

读后活动

4 阅读科普读物之后应该做什么

用文字记录读书后的收获

想要深入了解某个话题，最好的方式就是亲自写一篇文章。把读书以后的收获用文字记录下来，就能清楚地知道自己哪里掌握了，哪里没有掌握。如果有写作需要，也可以把书再看一遍，因为这不是考试，可以翻书回顾。但是如果孩子对书的内容理解不深，就很难找到写作的切入点。在这种情况下，不要急着让孩子动笔，而要让孩子把书重新读一遍；也不要急着整理整本书的内容，而要一个部分一个部分地写。

例如，孩子读了《通过声音相遇——身体的故事》后，可以让他在打嗝、放屁、咳嗽、关节响动、打鼾声中选择一个，写出这种声音发出的原理。阅读《李尚熙老师讲人类的故事》后，可以让孩子以“直立行走的代价和回报”为主题写一篇文章，这样用“心”看比只用“眼”看能更好地掌握书中的知识。

除了写收获的知识，也可以让孩子写一写自己的阅读感受。《古人生活指南》中收录了很多体现古人日常生活场景的韩国古画，我让孩子们在画中选择一个人，猜一猜这个人在想什么并写下来。这需要孩子们仔细观察，努力理解画中的情景并且代入真情实感。

六年级学生智恩在画家金弘道画的《铁匠铺》中选择了一个手拿镰刀的人进行观察，然后这样写道：“这个人正蹲着磨镰刀，他的腿一定很酸。他的旁边有人在打铁，火星四溅。他一定在担心：‘这么烫的火星不会溅到自己身上吧？’但是打铁的人是行家，应该不会发生这种事。”

而载赫在金德信画的《松下对弈的僧人们》中选择了观看别人下棋的一位僧人。

“这一局到底什么时候结束啊？下一局我要亲自上场，和赢了的人比一比！哎呀，明明下在那个地方就能赢！赶紧下完这盘换我来，我还一局都没下呢，他们俩真是磨蹭！”

大概所有迫切想加入游戏的人的心情都差不多吧？不管是僧人还是孩子。让观画的人理解画中人物的心情正是画家本人最想达到的效果。

通过看大人的书来拓宽视野

孩子阅读科普读物时，可以适当为他推荐一些与他正在读的书相关的书。可以是适合他年龄的儿童读物，也可以是一些成年人的书。阅读成人的书有助于帮助孩子拓宽视野。

我很认同要专门为孩子们准备书，并且给予他们充足的阅读时间。但孩子也可以看大人的书，即使看不懂，也能以此激励孩子为了有朝一日能够读懂这样深奥的书而努力。更重要的是，孩子可以从这些书中学到大人知道的知识、了解大人喜欢的东西，获得不同于阅读童书的新体验。

《种子笑哈哈》讲述了种子在不同季节到处旅行的故事。因为这本绘本尺寸较大、画风华丽，所以即使是科普类绘本，也得到了低年级学生们的喜爱。绘本的两位主角——种子和昆虫都很幽默，本来对植物没什么兴趣的孩子们也看得津津有味。我和一年级学生时雨一起读了这本书，我还给她展示了我在读的植物类书——《植物漫步》，这本书的副标题是“植物精画师的观察

《种子笑哈哈》

法”。从微距拍摄的各种花果到精心打造的庭院，书中收集了各种美丽的照片。正如副标题所说，这本书为读者展示了植物精画师眼中细腻、美丽的花与叶的世界。

《翻开<经国大典>！》对比了朝鲜王朝时期的法典《经国大典》和现在的韩国法律。为了防止官员贪污受贿，朝鲜王朝和今天的韩国都做出了许多规定。今天韩国反腐败方面的法律也被称为“金英兰法”，于是我给孩子们推荐了《金英兰的读书法》。这本书的封面上印着前大法官金英兰的照片，孩子们很感兴趣，纷纷问我，这就是金英兰吗？我带孩子们回顾这位大人物的经历，也给孩子们讲解了“金兰英法”产生的背景和施行过程中遇到的阻碍。这节课非常有意义。

我给读过《懒惰不是世界贫困的原因》的孩子们推荐了《人文世界地图》。这本书从贫富差距、不平等、战争与和平等角度出发，用图表的形式展现了全世界的各类信息和统计结果。虽然内容繁杂，但是得益于直观的表格和清晰的设计，只要用心些，孩子们基本能够看懂。这就是给孩子阅读成年人书的另一个意义——除了获取书本身包含的知识，为了读懂内容而花费心思的过程对孩子来说也同样有意义。

在阅读班上课时，围绕着《李尚熙老师讲人类的故事》这本书，我另外给孩子们展示了几本探索人类历史和未来的书，分别是尤瓦尔·赫拉利的《人类简史》《未来简史》《今日简史》。

看到这三本书，孩子们吃惊地问："老师，这三本书加起来一共有多少页啊？"

"不算参考资料部分，一共有一千多页。"

"老师，那你全都读完了吗？"

"老师当然读完了呀。"

听了我的话，孩子们目瞪口呆。不提书的内容，光是超长的篇幅就足够他们震惊了。尤其是听我说都读完了，他们都用极其佩服的眼神看着我。我相信他们也都会暗下决心，为了早日读懂这样的书而发奋努力。

和孩子一起读童书，大人也会有所成长；反之，和大人一起读书，孩子也能有所收获。

第3章

培养写作能力的对话阅读法

1 培养灵活运用词语的能力

不仅识字认词，还要灵活使用词汇

孩子的阅读能力往往和词汇量正相关。阅读能够扩大孩子的词汇量，这是一个不争的事实。可以让孩子认识新的字词，或者学到已知字词的其他用法。另外，孩子的词汇量也会影响孩子的阅读水平。词汇量大的孩子可以读比较深奥的书，反之，如果词汇量不够，简单的书孩子也会看不懂。所以为了提升孩子的阅读水平，必须扩大孩子的词汇量。

但是只阅读就能扩大词汇量吗？当然不能。扩大词汇量不仅要求孩子能够认字识词，还要求孩子能灵活使用这些词汇。这就要求孩子准确知晓词汇的含义，并在日常生活中常常使用它们。由此可见，光是阅读远远不够，阅读之外，孩子还需要积极使用学到的词汇。

把词典当成有趣的书

词典是孩子必备的学习工具。利用词典，孩子可以准确地查到一个词语的具体含义。例如，如果孩子问“吝啬”是什么意思，你会怎么回答呢？我的第一反应是用“能算计”“不吃亏”之类的描述性语言向孩子解释，但孩子可能会把“能算计”理解成擅长计算，把“不吃亏”理解成擅长规避风险，结果没有明白“吝啬”的真正含义。

我们再来看词典上对“吝啬”的解释——“过分爱惜自己的财物，当用不用或当给的舍不得给。”[①]这样的解释不仅准确说明了词语的含义，还体现出了这个词的贬义性。词典上的释义通常简单明了又不遗漏重要内容，这种凝练、准确的语言也值得孩子学习。在用词典查询词语的过程中，孩子还可以顺带学习目标词语的同音异义词或衍生词，扩大词汇量。

现在，人们遇到不认识的字或词，常常使用电脑或智能手机查询电子词典。我也在手机上安装了一些电子词典软件，但我在上课时，再麻烦也一定会使用纸质词典。因为我想告诉孩子们，

①如无特殊标注，本书中词语解释皆引自《现代汉语词典（第 7 版）》。

我希望他们在有问题时翻阅权威工具书，而不是依赖网络。另外，在纸质词典中翻找出的答案能留下更深刻的印象。因为在一页页翻阅、一行行查找的过程中，孩子会看到许多其他新词。即使没有特地去看，这些词仍然会在孩子的脑海中留下印象。因此，越是经常翻词典的孩子，往往词汇量越大。

对于孩子们来说，查词典也不是一件容易的事。有些父母为了引导孩子查词典，会和孩子玩快速找词的游戏。但是这会导致孩子疏忽词语的释义而专注于“找”这个行为，不免本末倒置。而且为了找得快，孩子也失去了认识更多生词的机会和乐趣。

与其逼着孩子学习查词典，不如先帮助孩子和词典“搞好关系”，也就是让孩子了解词典。词典能给我们哪些帮助？查词典能得到哪些乐趣？了解词典，可以从认识拼音开始。孩子用词典查词时，父母可以把声母、韵母按顺序写在纸上，让孩子对照着慢慢找，在孩子有需要时，父母或老师也可以提供一些帮助。最重要的是，先让孩子把词典当成一本有趣的书，然后再学习查词的方法。

在阅读班，我是这样教孩子们利用词典查找词语的。

活用词典1 猜词语的意思

选一个大家都认识的词，再来猜一猜词典里是如何解释这个词的。以“蝴蝶”为例，我第一次问这个问题时，孩子们给出了“会飞”“翅膀上有花纹的昆虫”“飞蛾的‘近亲’”等各种各样有趣的答案，但是大家的答案和词典中的说明还有一定的差距。孩子们说完后，找出词典中“蝴蝶”词的释义：

“昆虫，翅膀阔大，颜色美丽，静止时四翅竖立在背部，腹部瘦长。吸花蜜。”

那“昆虫”又是什么意思呢？

“节肢动物的一纲，身体分头、胸、腹三部。”

这时，孩子们逐渐找到了感觉。于是我让他们试着使用这种解释方法，先用自己的话写出词语的含义，然后跟词典上的释义进行对比。通过这个练习，孩子们逐渐学会了如何精确地描述事物。

但要记住一点，即便孩子给出的释义和词典上的释义不同，父母也不要轻易否定孩子。还要注意在进行这种练习时，父母尽量选择日常生活中常见的词，不要选择晦涩、生僻的词。比如，选择“饺子”“烤肉”这类的食物名称，或者像“金黄”“蔚蓝”这种描述颜色的词。

例：猜一猜词语的含义

	我的猜想	词典释义
海洋		
友情		
作业		
词典		

活用词典2 听意思猜词语

阅读班的孩子们都很喜欢"听意思猜词语"的游戏。我来读词典中的释义，孩子们据此猜测词语。如果答对了他们会格外兴奋，但答错了也不会气馁。

孩子们自己也可以做这个游戏，出题的孩子随便挑一个词作题目，也可以由答题的孩子指定出题范围，比如词典第879页的词，或单人旁的词。出题的孩子为了增加难度，会故意选择少见的词。看着答题的孩子绞尽脑汁思考，课堂上洋溢着一片笑声。这样的练习不仅有趣，也会促使孩子们用心思考、努力表达。

活用词典3 按顺序排列词语

如果孩子正在学习使用词典，最好练习一下按照词典中的顺序排列词语。比如把词语按照首字的拼音或偏旁部首的笔画顺序进行排列，也可以提高难度，把相同声母或韵母的词按照部首的

例：请排列以下词语

第一组	竹子、摩托车、地壳、橡树、蝴蝶、风、河马、碎屑、蜘蛛
第二组	砂锅、大将、跳马、松鼠、元宵节
第三组	龟板、龟、乌龟、龟甲船
第四组	尹贤俊、朴成灿、黄多彬、李东健、郑雨灿、安在赫、韩喜珍、金艺恩、全雅兰

笔画顺序再次排列。还可以把词典里没有的词拿来练习，比如自己或身边亲人朋友的名字。

积极使用词汇

经常使用的词印象会更深刻。即便认识再多词，如果不经常使用，也不能说真的掌握了。

孩子们喜欢使用网络流行语的一大原因就是熟悉。当然，语言会随着时代的变化而变化，在这个过程中，词语的总量也越来越多。但也会产生一个问题，这些新增的词语可能会让表达逐渐简单化，人们表达情感和想法的词句变得单一，遣词造句的水平也逐渐变差。

学到的词句要经常使用，不可以放在脑子里“生锈”。

活用词汇 1 造长句

阅读《火车奶奶》这本书，孩子们可以跟随火车上的布鲁克纳奶奶一起游山玩水。奶奶不仅给玉丽讲了自己小时候的故事，还教了玉丽自己小时候喜欢的游戏。其中一个游戏是造句，句子中必须包含很多以同样的辅音开头的词。这是一本德语书，在中文环境下，孩子可以尝试用多个声母相同的词造句。

活用词汇 2 根据声母或韵母说词语

一年级学生夏尔觉得,《火车奶奶》的造句游戏虽然很有意思，但是太难了。他提议玩其他的游戏，比如一个同学给出声母，其他同学想出包含这个声母的词语，用韵母也可以。这个游戏的规则虽然简单，但想要迅速给出答案也并不容易。因为这不仅考验词汇量，还要求孩子有很快的反应速度。陪孩子玩这个游戏，父母一定要记住一点：除非孩子主动提问，否则千万不要给孩子解释这些词，也不要问孩子知不知道这些词的意思。这个游戏的关键是让孩子多接触新词，而不是掌握新词的含义。

熟悉并灵活运用成语和谚语

成语或谚语在口语和写作中发挥着重要作用。虽然孩子在日常生活中也能学到运用成语或谚语的表达，但我还是建议父母应该系统地整理出来给孩子们背诵。这些词语一旦掌握就不会忘记，为此花费一些心思和精力是值得的。

很多成语和谚语中蕴含着生活的智慧，形式上也别有意趣。学习它们也能够扩大孩子的词汇量。

背诵成语时，要先掌握成语中每个字的具体含义。例如“虎头蛇尾”中，虎和蛇都是什么样的动物，头和尾又指代什么。我会像这样逐字讲给孩子听，孩子们也都觉得成语很有趣，希望我多讲一些。

像“翘首以待”“映入眼帘”这样日常生活中用得到的成语，父母可以多在孩子面前使用，使孩子在潜移默化中熟悉这些成语。当孩子理解了这些成语的含义之后，一定要让他们在生活中多多运用。写文章时，也要叮嘱孩子多用成语或谚语。

2 阅读和写作的关系

写文章之前，要先定好文章的感情基调，然后构思如何行文。

写作过程中，孩子们要使用合适的词语，正确的语法，并且在适当的地方分段，写好以后还要进行修改。不是使用了一些独特的表达方式，写了几个像模像样的句子就能说自己写了一篇好文章。因此对于孩子们来说，写作文常常是件难事。

虽然读了很多书不代表一定能写出好文章，但是要想写好文章，没有一定的阅读量肯定不行。一本好书里面的故事本身就可以看作范文，只有知道什么样的文章是好文章，孩子才能写出好文章。另外，擅长写作的孩子往往也有优秀的阅读能力。总之，读与写相辅相成，如果孩子能够发自内心地喜爱阅读，那么读写能力就都能得到提升。

在作文本的第一页写下喜欢写作的理由

写作很难，过程中常常伴随着痛苦，但是因为写作要充分发挥想象力和创造力，所以写作也能够带来很多乐趣。现在，正在写书的我也是如此。我认为有必要教孩子面对写作的痛苦，享受写作的乐趣，看到写作的价值。

让孩子在作文本的第一页写下“喜欢写作的理由”吧。听到这个提议，孩子们可能会吓一跳，下意识地说：“我根本不喜欢写作。”遇到这种情况，父母可以让孩子们试着假装喜欢写作。

“在接下来的二十分钟里，同学们就当被老师催眠了，假装自己是一个很喜欢写作的人，或者干脆想象自己是一位非常有名的作家。请你写一篇文章给那些不喜欢写作的人，说服他们也喜欢上写作，或者介绍你的写作技巧。”

我喜欢上写作是因为写作能使我平静。写作需要长时间集中注意力，心情在这个过程中会逐渐变得平静。

经常写作还可以让我的想象力更丰富。因为写作需要灵感，灵感的来源就是丰富的想象力。但是灵感转瞬即逝，一旦产生了灵感就要马上将它记录下来，所以长期写作可以培养想象力和专注力。另外，每当写完一篇文章，我都会感到非常满足，如果这篇文章还取得了好成绩，我就更开心了。再有，写作也可以让人的感情更加细腻、丰富。

六年级 黄多彬

本来我想把多彬的好句子画出来，但是要画的地方实在太多，真让人为难啊！连老师都没有想到写作还有使人感到满足这个优点！老师也想感受这样的满足感，老师以后也会认真写作的。

金晓英老师

我很喜欢写作，也很擅长写作。我喜欢写作是因为喜欢笔尖在纸张上划动的声音，听起来就好像笔尖在纸上“跳舞”。我认为写作能够帮人整理自己的思绪和心情，我写文章主要是记录自己的亲身经历。而且写作是无论我多么沉迷妈妈都不会反对的爱好之一。每写完一篇文章，我就觉得好像美美地睡了一觉，头脑清醒，浑身舒畅。因为写作要进行大量的思考，所以能让头脑更加灵活。如果写作时忽然没了思路，那就放下笔去做别的事情，过一会儿再写。

五年级　崔友浩

友浩详细地说明了自己喜欢写作的理由，还给大家介绍了自己的写作经验，非常好，对别的同学来说很有参考价值。老师写文章时也会特别投入，看来友浩和老师有同感呢。

金晓英老师

刚听到我这个提议时，原本不喜欢写作的孩子感到为难。但是一旦开始动笔，他就会在某个瞬间忽然代入角色，像喜欢写作的人一样真挚地说出写作的好处。这篇文章就像一针强心剂，在孩子对写作感到厌倦时让孩子重读，会有意想不到的效果。

著名作家金延秀曾翻译过盖尔·卡森·乐文的《幸福的写作》，所以后来他在小说《进入之后》中运用的表达方式也很棒：

“世界上只有快乐的写作。不快乐的写作不能算是创作，只能说是堆砌文字罢了。所以，去大胆地创作吧，写自己内心深处最想说的话，写着写着就会变得熟练。”

练习寻找写作素材

好的素材能为文章加分。好素材能最大限度地激发作者的灵感，使人发自内心地想写。可问题是，好素材并不常有。

虽然对于喜欢写作、擅长写作的人来说，世间万物都可以是素材，但是对于初学写作的孩子们来说，寻找素材总是一件难事。很多儿童写作参考书都按照主题收录了大量素材，虽然这些精挑细选的素材值得参考，但是并不能从根本上解决问题。因为使用这种素材的文章很难写出真情实感。

寻找素材本身就是写作的一个重要部分，也是一种需要练习的能力，给孩子留出时间专门用来寻找素材吧。父母可以引导孩子先根据文章的类型思考需要什么样的素材，然后让孩子回想自己知道的素材，选出适合的写下来。这个练习只需要寻找素材，没有写作的压力，因此孩子们反而会想到很多可写的素材。

例：寻找素材

文章类型	我找到的素材
说明文	提示：写自己熟悉的东西 例：我打扫房间的方法、我爸爸的特点、我的习惯
议论文	提示：写与自己相关的事情 例：不要在图书馆的书上乱涂乱画、应该好好打扫卫生
记叙文	提示：写自己能生动讲述的事情 例：周末去水上乐园的趣事、水枪大战
诗歌	提示：写能够当作歌词的文字 例：夏天的风景、云和树叶

构思文章的框架

想好了“写什么”，下一步就要思考“怎么写”。如果不提前构思好，就很容易中途写不下去或者写跑题。

写内容大纲有助于整理思路。大纲是一篇文章的骨架，如果事先搭好整篇文章的骨架，再给文章添加血肉，就能有效避免跑题。

写大纲就像写计划一样，不需要太详细，只要按照“开头——正文——结尾”的顺序，简单梳理各个部分的主要内容即可。

正式写作时可能会想到比写大纲时更好的想法，还可能会发现写大纲时没想到的问题，这时就可以据此对已有的大纲进行调整。看别人写的好文章，提炼文章的框架对孩子的写作也有帮助。

如果孩子觉得很难，父母或老师可以帮孩子一起梳理。“你刚才说的那句话很有趣，要不要写在前面？”“这句话写在这里好像不太合适，写在其他文章里比较好。”“那句话作为结尾可以和文章的开头呼应。”父母可以像这样引导孩子，然后再让孩子自己动笔写出完整的文章。

还可以让孩子写几个不同主题的大纲，选择其中一个有信心能写好的写一篇文章。

当然，也不是每一篇文章都必须按照“开头——正文——结尾”的结构来写，不同类型的文章可以有不同的结构，可以按时间顺序记叙，也可以并列进行说明。

边说边写

上海的紫菜之战

我弟弟泰恩是个大胃王，如果他去参加大胃王比赛，无论是比谁吃得快还是比谁吃得多，他肯定都能得冠军。

平时他在家吃再多也没关系，因为家里的菜总是做得很多。可当我们在外面吃比萨或炸鸡的时候，我就必须和他抢着吃。我的战绩不稳定，有输有赢。但是我比他大五岁，抢不过他的时候我真的很伤心。

上周我们去上海旅游，又开始了“抢吃大赛”——哦不，这次不能叫比赛，应当称之为“战争”，是奶奶带的紫菜引发的战争。那天的菜很油腻，泰恩平时就很喜欢吃油腻的食物，所以每个菜他都吃了很多。但是那些菜不太合我的口味，所以我只能多吃一些紫菜。但是泰恩也吃了很多紫菜！为了抢夺紫菜，我不得不和泰恩进行了一场紫菜之战。战争的结果是，我输了，泰恩抢走了更多的紫菜。我真的很讨厌泰恩。

四年级 任泰勋

这篇有趣的文章是泰勋一边和我聊天一边写的。文章主要讲了泰勋的家事，而且是旅游时发生的事，所以在具体内容上我帮不上他什么忙。我只是认真听泰勋的故事，提问题，听泰勋回答，最后引导泰勋把这件事写出来。

刚开始泰勋打算写“我弟弟吃饭的样子”，正写着，他忽然想到不久前出去旅行时发生的事，于是泰勋调整了大纲。

“我弟弟吃饭吃得特别快，我想写这件事。”

“好呀，你弟弟只是吃得快吗？”

“他不仅吃得快，而且还吃得特别多。‘我弟弟吃饭又快又多’——我就写这个吧。”

“这个开头很不错，但是如何让读这篇文章的人觉得故事很新颖呢？”

“就说他能在比赛中夺冠怎么样？”

“什么比赛呢？”

“大胃王比赛。啊，分成吃得快比赛和吃得多比赛比较好。”

“平时吃饭的时候你会和弟弟抢着吃吗？”

“那倒没有，因为我家平时做饭都做得比较多。但是吃炸鸡的时候我们两个真的会打起来。”

“谁会赢呢？”

“都是有输有赢。”

“那也还好呀。”

“可是我比他大五岁！所以输了会很丢脸。”

就这样，泰勋给我讲了他们一家人在上海旅游时发生的事。聊天时泰勋越说越兴奋，忽然来了灵感，都忘了在和我聊天，直接写了起来。他先写完了文章，最后加上题目。文章中，因为泰勋先写了“大胃王比赛”作为铺垫，所以即使后文出现了“应当称之为‘战争’”这样夸张的表述也不显得突兀。

我在前面提到过，当孩子觉得写作很难、进行不下去的时候，可以先用“说”来代替“写”。我们说话时不需要字斟句酌，思维会比写作时更敏捷，也没有反复修改的压力，而且在说的时候自然就能感觉到说出来的内容是否值得写成文章。和孩子交流时，父母只要注意倾听孩子的话，通过提问的方式引导孩子更加具体、细致地描述对事件的感受。但要注意，父母不要在交流过程中过多地阐述自己的看法，避免对孩子的思绪造成干扰。

我还记得那天泰勋读自己写的文章时特别开心的样子。写作虽然辛苦，但是同样有乐趣和收获。

文章写完后要及时检查

有一次，夏琳写了一篇很长的文章，写完后整个人几乎精疲力竭。因为长时间集中精力奋笔疾书，她的胳膊很疼，浑身都没有力气。奇怪的是，即使夏琳累得几乎瘫倒在阅读班的地板上，她依然满脸喜悦。

我对夏琳说：“真正优秀的作家写完后不会立刻把文章拿给别人看。如果我是你，我一定会再读一遍，检查一下有没有错别字，看看有没有需要修改的部分。”

听了我的话，夏琳重新读了一遍自己刚写的文章，沮丧地对我说：“我写的时候还以为自己写了一篇很长很长的文章，现在看起来并没有那么长，而且里面还有很多错误。”

这就是经常写作的人都体会过的感觉——写完一篇文章之后的兴奋。夏琳也体会到了这种特别的感情，作为老师我很替她开心，并且鼓励了她。夏琳听了我对她的肯定和赞扬，重新笑了起来。

写作的过程中付出的努力越多，就越能体会到给文章画上句号时的喜悦。但是在阅读班，我告诉孩子们，无论多么开心，在把文章拿给别人看之前自己一定要先通读一遍。这是为了让孩子们养成及时检查的习惯。

写作的过程中，孩子们会因为太注重眼下自己正在写的部分而忽略文章的整体性。重新阅读写完的文章，不仅能纠正错字，还能清晰地看到文章的脉络，发现哪里应该重新分段、哪里要有所删减等。

把孩子手写的文章打印出来，感觉又变得不同。虽然内容没有变化，但是经过排版打印以后，文章看起来更规整，读者阅读时也更能感受到作者的真诚。父母可以将孩子的文章整理成电子文档，和孩子一起看看每一篇文章有多少字、放在每页800字的稿纸上会有多少页，用这种方法激励孩子写出更长的文章。

如何指导孩子写作

在阅读班指导孩子写作时，我关注的重点是不写错字、用词准确、文章结构清晰。以下是我指导孩子写作的原则。

1. 把说出来的话写下来

对于初学写作的孩子来说，说话比写作更重要。和孩子交流以后，父母要让他把说过的话写下来。如果直接让孩子写一篇文章，也一定要鼓励他，让他只要把想说的话写下来就好。写完之后孩子一定要大声朗读，读的时候自然能听出哪些句子写得好。

2. 要记住，写作是为了深入地理解

写作既能向别人表达自己的想法，也能梳理自己的观点，加深自己的理解。孩子在写作的过程中能了解到自己掌握了哪些知识、哪些部分还有所欠缺。即使写出的文章有瑕疵也没关系，因为写作的目的不是写出“完美文章”。如果孩子没能通过写作有所收获，就需要有人引导孩子找出问题，也就是父母和老师应该发挥的作用。

3. 一段话最多修改三处

父母在指导孩子修改文章时要记住，文章中的每一段（四到五句话）最多让孩子修改三处。如果修改过多，孩子就会失去对写作的兴趣，也可能使文章偏离原本的写作目的。修改只是写作的一个步骤而不是最终目的，不要为了修改而修改。

父母帮孩子检查文章时，一定要标出所有错字（在错字下面画横线，让孩子自己改正）。如果不标出错字，孩子会误以为通篇文章没有错字，默认自己的写法是正确的。

4. 遵守“二分表扬，一分建议”的原则

写作本身就不容易，对孩子来说更难。请父母尊重孩子的努力，不要吝惜称赞孩子。可以夸奖孩子有进步、运用了好的表达方式、修改得当等。如果实在没有什么可夸奖的，也可以夸一夸孩子写字很工整，或者很努力地完成了写作。如果想对孩子的文章提建议，就更要先加倍表扬。

第4章

不同性格类型儿童的阅读指导方法

1 了解孩子的性格类型

在阅读这个领域，读者和书拥有同等重要的地位。读书、思考、交流、写作这一系列行为都需要由读者来完成，因此选择什么样的书很重要，一本书由什么样的读者来读也非常重要。父母为孩子选择书时，不必拘泥于学校推荐的书目，只要选择符合孩子阅读水平和兴趣的书即可。在阅读教育中，父母和老师要先了解孩子的性格和偏好。如果教育者忽视了孩子们的个体差异，那么教育就可能出现问题。

我学习MBTI（迈尔斯-布里格斯类型指标）时，在理解儿童性格特征方面受到了很大的启发。MBTI是一种人格类型理论模型，它以心理学家卡尔·荣格的性格理论为基础，经过多年的研究和实践发展而成的。

该理论模型认为，每个人都有性格倾向，有偏好的相处方式和沟通方式。性格倾向会对个人发展产生影响。

除了理论研究，MBTI也能为了解自己和他人提供可靠的参考，被广泛应用于各个领域。例如，学校用它预测学生的未来发展方向，企业用它深入了解员工。

注意力方向	外向（E）或内向（I）
认知方式	实感（S）或直觉（N）
判断方式	理智（T）或情感（F）
生活方式	判断（J）或理解（P）

MBTI归纳出十六种性格类型（如ESTJ、ENTJ、INFP、INTP，等等）。但如果仅仅针对阅读，我们并不需要使用该理论中全部的测试题目。因为随着孩子的成长，其性格特征也会发生变化，将孩子的性格早早固定在十六种类型中是不合适的。我们只要运用“注意力方向”和“认知方式”两个指标就可以很好地指导孩子的阅读。通过这两个指标，我们能了解到孩子当下的阅读倾向和交流方式，进而轻松有效地指导孩子阅读。

孩子的注意力方向是外向还是内向会影响孩子对说话和写作的态度，孩子的认知方式偏向于实感还是直觉则会影响孩子接受外界信息的方式。性格类型指标虽然只显示一种倾向，但能帮助我们了解孩子的阅读偏好，甚至帮我们了解孩子的学习方式。

在具体讲解之前我要声明一点，MBTI测试结果没有对错之分，

更没有高下之别。不存在外向型性格更好或内向型性格更好的说法。就像一个人爱吃草莓，另一个人爱吃橘子一样，谈不上谁比谁高贵。另外，MBTI 测试出的是孩子的偏好，而不是非此即彼的绝对性的结论。实感型小孩也会利用直觉来判断，直觉型小孩也有依靠实感的时候。

同时我想补充一点，进行 MBTI 测试时必须使用正规试题。网络上流传的不正规的测试题目可能存在错误或翻译问题。如果使用这种不准确的测试来了解自己，不如不做测试。

2 外向型小孩和内向型小孩

一提到“外向型小孩”，人们就会联想到积极、活泼的孩子，说起“内向型小孩”，人们很容易联想到性格安静或态度比较消极的孩子。但实际上，这里的外向型和内向型不是性格表现上的差异，而是注意力方向上的差异。

外向型小孩对外部世界更感兴趣，他们更愿意把自己的能量向外使用，在消耗能量的同时也能自我充电。这类孩子往往需要尽情地玩耍后才能静下心来读书和学习。与之相反，内向型小孩的注意力更集中于自身，他们倾向于将更多的能量使用在自己身上。他们虽然也喜欢和朋友相处，但是独处时更能给自己充电。由于外向型小孩和内向型小孩释放和获取能量的方向不同，他们的表现就会产生差异。

边说边想的外向型小孩

外向型小孩通常有很多朋友，乐于与人交往。一般情况下，熟人对于他们来说都可以算是朋友。另外，外向型小孩积极参加集体活动，通过与人交流获得各种各样的经验和领悟。

我知道的一个外向型小孩写作业时会在家里转来转去。因为写作业很枯燥，为了增添乐趣，他会在餐桌上写一部分，在自己房间里写一部分，最后一部分在热闹的客厅里完成。还有的小孩说："我喜欢去上课外补习班，因为换乘公交车特别有意思。"当然了，他在各个补习班都有要好的朋友。虽然有人可能会质疑这样学习时孩子是否能够专心，但是对于外向型孩子来说，变化的环境的确为他们提供了学习的动力。

外向型小孩的最大特点是喜欢说话。他们会想要把自己在外面的所见所闻全都告诉父母，心情、感受也会及时对父母表达。阅读班里的外向型小孩经常会和一周没见的老师、朋友讲自己这一周的经历，而且常常不等别人问就倒豆子一样地讲起来。

外向型小孩大都喜欢当众讲话。有时老师提问以后，还没想好答案，他们就会先高高举起小手。有趣的是，即便如此，他们也能把问题回答好，因为这类孩子善于一边说话一边整理思绪。

父母如果想要督促外向型小孩读书，最好的方式是和他一起读。父母可以读书给孩子听，也可以让孩子读给自己听。当然，父母也可以和孩子一起交流读过的书的内容。外向型小孩一般比较重视合作，所以父母最好积极地和孩子对话，增加参与度。可以询问孩子觉得书里的哪些内容最有趣、哪个部分最没意思，或者书中的插图哪一张最让他印象深刻。

外向型小孩能在对话中汲取能量。但要注意的是，父母在和孩子交流的过程中，不要只关注孩子读书认不认真，而应该多表达对书本身的关注和对孩子本人的关心。

孩子写作之前，父母也应该和孩子充分沟通交流，因为这类孩子倾向于用语言来描述自己的构思。交流时父母可以和孩子一同回忆书中的内容，或陪孩子思考写作的内容。如果发现孩子对故事的理解有误，父母要及时对孩子进行引导。虽然对话会占用一部分写作时间，但是对于外向型小孩来说，说比写的意义更大。

交流的最后，父母可以请孩子用简洁的语言整理刚才说过的观点，再写下来。对于话多的孩子来说，写短小精悍的文章对他们更有帮助，因为这样做可以锻炼他们从长篇大论中提炼重点的能力。

想好再说的内向型小孩

对于内向型小孩来说，朋友的数量并不是最重要的，他们更喜欢和真正互相了解的人深入交往。他们在社交场合或陌生环境中会感受到巨大的压力。在学习中，内向型小孩也更喜欢独自学习，如果在陌生环境或人多的地方学习会消耗更多的能量。

我在做MBTI的相关咨询时遇到过一个孩子，他对我说："我不想上课外补习班了，我想上网课，或者上一两门一对一的家教课程。"但是这个孩子的外向型父亲却希望孩子上课外补习班，因为他认为这样做能让孩子和身边的小伙伴良性竞争，有利于孩子进步。但是对于内向型小孩来说，这种竞争根本就吸引不了他的注意，更无益于学习。

内向型小孩的最大特点就是他们在说话之前需要时间思考，也不太会向父母表达自己的心情或想法。其实不是孩子态度消极，而是他们觉得这些事情没有说出来的必要。

内向型小孩在阅读时注意力会高度集中，他们的想法往往也很深刻。如果这时父母突然向他们提问或提议讨论，孩子就会感到有压力。和内向型小孩一起阅读时，最好在阅读开始前预先商量好一会儿准备提出的问题或阅读结束后打算讨论的话题，给孩子充分的准备时间。

我在阅读班通常会提前向内向型小孩介绍当天的课程内容，如果有打算讨论的主题，也会做一个简单的预告。

父母提出问题后，也不要因为孩子回答得慢就不停地追问，孩子会感受到你的不耐烦。也不要在提出一个问题后，因为担心问题难就随意更换，这样做会让孩子觉得自己能力不足。如果孩子一时回答不上来，父母或老师可以先说说自己对这个问题的看法，或者让其他想说的小朋友先回答，给孩子一点儿时间来准备自己的答案；也可以让孩子把想到的答案写下来，简单地罗列要点。

但有时，即便其他同学都回答完了，轮到内向型小孩回答时他还是闭口不谈，或者只说："我也是这么想的。"我上课时也出现过这种尴尬的场面。应对这种情况，我的经验是，即使想法一样，也要让孩子再说一遍。这样，孩子就会用跟前面的小朋友稍微不同的词句来表达自己的看法。虽然想法可能相似，但是每个人的语言表达习惯都有差异，因此说出来的答案也就不可能完全相同。而且，后回答的孩子为了避免重复，会不自觉地尽量更换表达方式。

比起语言，内向型小孩往往更看重文字。有时候，他们更愿意用文字来记录想法和感受，而不是直接说出来。与其说他们喜欢写，不如说他们讨厌说。对于内向型小孩来说，口头表达比一个人安安静静地写要有压力得多。我的建议是让内向型小孩在动笔写之前先开口说，组织语言来表达可以让他们有充分的时间整理思路。所以请父母鼓励孩子多说，通过对话把自己的想法厘清，然后再有条理地写下来。内向型小孩的注意力更容易集中，所以当他们集中精力投入写作时，能写出更具独创性、比较成熟的作品。

3 实感型小孩和直觉型小孩

实感型和直觉型是根据人们接收、感知外部信息的方式来划分的。实感型小孩主要追求信息的准确性和真实性，而直觉型小孩则更看重信息的新鲜感。实感型小孩更能接受现实性的描述，而直觉型小孩则更善于接受和使用具有暗示性的描述。

但这些都是隐藏在脑海深处的性格特征，如果不经过测试，即使是关系亲近的人或本人也无法确认。而不同性格类型的人，即便接收了相同的信息，因为各自的理解方式不同，也难免会出现沟通不畅的情况。读书和学习本身就是一个吸收外部信息，化为己用的过程，如果父母了解了实感型小孩和直觉型小孩各自的性格特征，就可以用更加适合孩子的方式对孩子进行辅导。

追求准确的实感型小孩

实感型小孩信任自己通过五感——视觉、听觉、嗅觉、味觉、触觉获得的信息。自己的所见、所闻、所感会给他们留下更深刻的印象。面对一件事物，实感型小孩倾向于仔细观察并严谨地描述。打个比方，如果让他们描述一棵树，他们多半会先仔细观察树叶的形状，对比叶子的叶脉，并精准描述它们的样子。即便是创造新东西，他们也会优先考虑创意能否应用于实际。我认识的一个实感型小孩曾经对我说过："所谓的创意也不是凭空产生的，不过是把已有的东西用新形式重新组合。"

很多实感型小孩能在读完童话以后记住书中人物的名字和故事的细节，相对轻松地跟上作者的思路，在书中获得实用的知识。而在阅读需要丰富想象力的书时，实感型小孩可能会遇到一些障碍。当我询问一个孩子，主人公在这种情况下会产生什么想法时，他惊讶地瞪圆了眼，说："我已经把书读完了，内容也都理解了，老师为什么还要问我这个？"

实感型小孩更加擅长写议论文和说明文。阅读班的实感型小孩无论词汇量大小，都基本不会写错字。他们阅读时会格外留意生字、词，写作时如果想写自己不太确定的字、词，也一定会提前查找字典，或者干脆换一个自己有把握的词。

实感型小孩在说话和写作时都喜欢举例说明，他们更倾向使用“第一、第二、第三”这样的词来给自己想要表达的内容划分层次，也喜欢精确地描述事物。比如，实感型小孩是这样在说明文中描写“打鼾”的：“人在躺卧睡觉时，呼吸道受到压迫变得狭窄，空气从狭窄的缝隙里流出，就会从上颚后方发出声音，这就是鼾声。”

过于重视信息准确性的人写的文章可能会比较单调，他会用大量的篇幅罗列证据，使得中心思想不那么突出。

辅导实感型小孩阅读时，可以多展示照片、音乐、影像等资料，因为他们更容易接纳真实的所见所闻。如果孩子写的文章太枯燥，与其让孩子返工重写，不如抽取文章的一部分教孩子怎么修饰，比如在一段话的前后各运用一种修辞手法。

实感型小孩太注重细节，有时会忽略整体。所以无论阅读还是写作，都要注意引导他们忽略冗杂的细节，多关注文章的整体脉络和结构。如果孩子觉得运用修辞手法很难，不妨让他读诗歌来体会和学习。

追求新意的直觉型小孩

直觉型小孩喜欢利用自己的直觉收集信息。当然，这不意味着捕风捉影，而是一种掌握事物整体的敏锐洞察力。与实感型小孩不同，说起树，直觉型小孩的脑海里会浮现出一片森林。直觉型小孩更倾向于发挥自己的创造力。画画的时候他们喜欢随心所欲地画；在发明创造中，比起考虑实用性，他们更在乎这个想法的创意性。

直觉型小孩阅读童话时，比起故事的细节，他们更注重核心情节和整体结构。他们能够比较轻松地理解文章中比喻和象征等修辞手法的含义，也很容易被感动。

阅读班的直觉型小孩大多喜欢“危险动物”或“世界未解之谜”这类有特色的主题科普读物。另外，他们有时会因为错过书中的细节而产生理解偏差，或者因为没注意人物的名字而记不清重要的台词究竟是谁说的。

如果让直觉型小孩写一篇能激发他们想象力的文章，他们立马会写个不停。阅读班里有一个直觉型小孩，他曾经花了好几周的时间写了一篇长到可以连载的文章，在朋友们中间“发表”了。

说话时，直觉型小孩会努力让自己说得更有趣。哪怕只是一则简短的故事，他们也会用自己的方式把故事解构再重新组合，讲给大家听。说到重要情节时，他们会一边吊胃口似的问大家“你猜怎么着”，一边把故事讲下去。这一点在他们的写作中也有体现。下面是阅读班的直觉型小孩写的一篇说明打喷嚏原理的文章：

> 生活中，灰尘、细菌、花粉会借助风的力量偷偷“潜入”我们的鼻腔。它们中的大多数成员在进入鼻腔

时会被鼻毛牢牢抓住，但还是有少量“奸诈”的细菌躲过了鼻毛的抓捕，继续向鼻腔深处冲锋。但即使躲过了鼻毛，它们也躲不过“鼻涕水库”，还没有偷渡过去就被全部抓获了。细菌们虽然做好了牺牲的准备，但是喷嚏君慈悲为怀，不喜欢杀生，于是把它们都喷出了体外（欲知后事如何，且听下回分解）。

这篇文章的语言非常幽默，描写生动，一下子吸引了孩子们的注意。然而，这种写法会对事实进行一定程度的改编或夸张，有时会降低文章内容的准确性。

父母陪直觉型小孩一起阅读时一定要记住，激发他们的想象力更能使他们集中注意力。比如问他们：“《马蒂尔达》这本书曾被改编成电影和音乐剧，如果你是导演，你为什么要选择这本书改编呢？”如果一起阅读科普书，父母可以提前和孩子商量精读书中的哪个部分，这样能减轻他们的阅读压力。

直觉型小孩思维跳跃，故在写作前应该先确定好文章的主题和框架再动笔。如果孩子说话或写作不太连贯，父母一定不要批评指责他，可以对他说：“真是一个非常有趣的故事，可以再详细说说吗？”以此安慰和鼓励孩子。

4 自信就是力量

父母了解孩子的性格类型是为了更好地理解孩子，以合适的方式和孩子沟通，帮助孩子在阅读、对话和写作中做得更好，而不是给孩子下定义、贴标签。父母要知道，孩子的性格倾向不是缺点，也不是需要克服的困难。

进行MBTI测试后，常常有父母发现原来自己并不了解孩子真正的性格。还有些父母曾把孩子的性格特点当作缺点，认为这些“缺点”是由遗传或自己的错误教育导致的，并因此担忧和自责。给孩子做了MBTI测试后，了解到这只是孩子的性格特征，他们才松了一口气。其实即使是同一对父母所生的兄弟姐妹，彼此之间的相似之处也没有想象中那么多。每一个孩子都拥有独立的人格，正如世上没有两片完全相同的树叶一样，也不会有两个一模一样的人。

阅读的过程也是塑造人格的过程。阅读之后，父母要鼓励孩子用语言表达思想，用文字记录感受。读书不是为了达到某种标准，更不是为了变得和什么人一样。读书，只是为了成为更好的自己。

希望我在这本书中介绍的对话式亲子阅读法能够帮助孩子提高阅读能力，也希望所有的孩子都能茁壮成长，从今日的幼苗成长为明日的参天大树。

本书中涉及的部分书目

推荐父母和孩子一起阅读的书

《1999年6月29日》（〔美〕大卫·威斯纳/文·图，范晓星/译；江苏凤凰少年儿童出版社）

《365只企鹅》（〔法〕让·吕克·弗罗蒙塔尔/著，〔法〕若埃尔·若利韦/绘，武娟/译；湖南美术出版社）

《爱丽丝梦游仙境》（〔英〕刘易斯·卡罗尔/著）

《八点钟的诺亚方舟》（〔德〕尤利西-哈勃/著，〔德〕耶尔格·穆勒/绘）

《词语收藏家》（〔加〕彼得·雷诺兹/文·图，孙莉莉/译；贵州人民出版社）

《大猩猩》（〔英〕安东尼·布朗/文·图，林良/译；河北教育出版社）

《地球行星报告书》（〔韩〕余承希/著，〔韩〕尹奉贤/绘）

《地图》(人文版）（〔波〕亚历山德拉·米热林斯卡、〔波〕丹尼尔·米热林斯基/文·图，冯婷/等译；贵州人民出版社）

《哆悉哒》（〔美〕卡森·埃利斯/文·图，乌英雄/译；新星出版社）

《翻开<经国大典>！》（〔韩〕孙柱贤/著，〔韩〕吴晟民/绘）

《翻开这本小小的书》（〔美〕杰西·克劳斯梅尔/文，〔韩〕苏西·李/图，小奇/译；明天出版社）

《古人生活指南》（〔韩〕赵恩秀/著，〔韩〕崔英珠/绘）

《海浪》（〔韩〕苏西·李/文·图，江苏凤凰少年儿童出版社）

《喝月亮的女孩》（〔美〕凯莉·巴恩希尔/著，〔美〕舒杭丽/译；贵州人民出版社）

《狐狸》（〔澳〕玛格丽特·威尔德/著，〔澳〕罗恩·布鲁克斯/绘，费方利/译；北京工艺美术出版社）

《糊里糊涂的鬼怪》（〔韩〕徐政武/著，〔韩〕洪英雨/绘）

《画一个太阳》（〔意〕布鲁诺·穆纳里/文·图，陶海悦/译；北京科学技术出版社）

《黄瓜国王》（〔奥地利〕克里斯蒂娜·涅斯玲格/著，赵燮生/译；明天出版社）

《火车奶奶》（〔德〕保罗 · 马尔戈/著，〔德〕弗朗茨 · 维特坎普/绘）

《机器人之星》（〔韩〕李贤/著，〔韩〕吴晟民/绘）

《看看我有什么》（〔英〕安东尼 · 布朗/文 · 图，阿甲/译；河北教育出版社）

《看上面！》（〔韩〕郑镇浩/文 · 图）

《拉兹和狮子》（〔匈〕玛瑞克 · 韦罗尼卡/文 · 图，崔维燕/译；二十一世纪出版社）

《懒惰不是世界贫困的原因》（〔韩〕金贤珠/著，〔韩〕全颂伊/绘）

《老鼠化形谣》（〔韩〕朴允奎/著，〔韩〕李光任/绘）

《了不起的吉莉》（〔美〕凯瑟琳 · 佩特森/著，黄静雅/译；河北教育出版社）

《李尚熙老师讲述的人类故事》（〔韩〕李尚熙/著，〔韩〕李海珍/绘）

《两个小洛特》（〔德〕埃里希 · 凯斯特纳/著，赵燮生/译；明天出版社）

《两只小熊》（〔匈〕伊拉/著）

《卢卡—卢卡》（〔德〕古杜伦/著，〔德〕米夏埃尔 · 肖伯/绘）

《驴小弟变石头》（〔美〕威廉 · 史塔克/文 · 图，张剑鸣/译；明天出版社）

《陌生的村庄》（〔日〕田岛征三/文 · 图）

《朴氏夫人传》（〔韩〕金钟光/著）

《亲亲的力量》（〔韩〕金宥真/著，〔韩〕徐英雅/绘）

《如何阅读一个故事？》（〔美〕凯特 · 梅斯纳/著，〔美〕马克 · 西格尔/绘，李一慢/译；明天出版社）

《桑吉和面包师》（〔美〕罗宾 · 泽恩斯/著，〔美〕科奇 · 保罗/绘，范晓星/译；少年儿童出版社）

《森林裁缝的花瓣礼服》（〔韩〕崔香朗/文 · 图）

《谁吃谁》（〔波兰〕亚历山德拉 · 米热林斯卡、〔波兰〕丹尼尔 · 米热林斯基/文 · 图；贵州人民出版社）

《世界的一天》（〔日〕安野光雅/编，汉声杂志/译；贵州人民出版社）

《世界真奇妙》（〔日〕村田弘子/著，〔日〕手塚明美/绘，尹伟/译；辽宁科学技术出版社）

《世界自然遗产考察：隐蔽的地球的秘密》（〔韩〕徐容先/著）

《数星星》（〔美〕洛伊丝 · 劳里/著，汴桥/译；河北教育出版社）

《说谎精》（〔韩〕金莉莉/著，〔韩〕吴正泽/绘）

《俗语图画书》（〔日〕古美太郎/文 · 图）

《速度和距离一点也不重要》（〔葡〕马琳达娜·马托索/文·图）
《隧道》（〔英〕安东尼·布朗/文·图，崔维燕/译；二十一世纪出版社）
《田禹治传》（〔韩〕金南日/著，〔韩〕尹宝源/绘）
《通过声音相遇——身体的故事》（〔韩〕林淑英/著，〔韩〕金高恩/绘）
《威尼斯商人》（〔英〕莎士比亚/著）
《维京小英雄》（〔德〕努勒·强森/著，〔德〕艾维托·卡尔松/绘）
《翁姑集传》（〔韩〕朴哲/著，〔韩〕赵慧兰/绘）
《我的名字是捕蝇草》（〔韩〕李志友/著，〔韩〕金翼朗/绘）
《我和你在一起更快乐》（〔德〕古杜伦·麦斯/著，〔德〕罗特劳特·维尔纳/绘）
《我是地铁》（〔韩〕金孝恩/著）
《我是法》（〔韩〕金俊贤/著，〔韩〕车尚美/绘）
《我是她，她是我》（〔日〕山中恒/著，叶荣鼎/译；少年儿童出版社）
《我想加入足球队》（〔韩〕成明镇/著，〔韩〕洪政善/绘）
《无语的家伙》（〔韩〕金开美/著，〔韩〕吴征泽/绘）
《五月的奔跑》（〔韩〕金海元/著，〔韩〕洪正善/绘）
《想象ABC》（〔波〕伊娃娜·奇米勒斯卡/文·图；广西师范大学出版社）
《小园丁》（〔德〕施艾德尔/编，〔德〕伯纳黛特/绘，王星/译；安徽少年儿童出版社）
《兴夫传》（〔韩〕郑中木/著）
《幸福的写作》（〔美〕盖尔·卡森·乐文/著）
《秀一和秀一》（〔韩〕金宇庆/著，〔韩〕权思雨/绘）
《痒痒》（〔韩〕徐贤/文·图）
《夜晚的小学》（〔日〕冈田俊二/文·图）
《与李熙秀教授一起正确认识伊斯兰教》（〔韩〕李熙秀/著）
《遇见全世界》（〔英〕丹·史密斯/文·图）
《长寿万岁》（〔韩〕李贤/著，〔韩〕卞莹美/绘）
《枕头仙人》（〔日〕加岳井广/文·图）
《种子笑哈哈》（〔日〕近藤熏美子/文·图，李丹/译；浙江少年儿童出版社）
《朱家故事》（〔英〕安东尼·布朗/文·图，柯倩华/译；河北教育出版社）
《走出院子的母鸡》（〔韩〕黄善美/著，〔韩〕金欢泳/绘，夏辇生、〔韩〕文炫善/译；接力出版社）

《最糟拍档》（〔日〕花形满/著）

推荐给父母的书

《儿童文学的乐趣》（〔加拿大〕佩里 · 路德曼、〔加拿大〕梅维丝/著，陈中美/译；少年儿童出版社）

《今日简史》（〔以色列〕尤瓦尔 · 赫拉利/著，林俊宏/译；中信出版社）

《金英兰的读书法》（〔韩〕金英兰/著）

《人类简史》（〔以色列〕尤瓦尔 · 赫拉利/著，林俊宏/译；中信出版社）

《未来简史》（〔以色列〕尤瓦尔 · 赫拉利著，林俊宏/译；中信出版社）

《整理的大脑》（〔美〕丹尼尔 · J.利维汀/著）

《植物漫步》（〔韩〕李素英/著）

《坠入史书》（〔法〕兹尼维耶夫 · 巴德/著）